脑筋不会转弯的总是神马

《脑筋不会转弯的总是神马》,有没有什么东西可以让你与众不同?让你"有Bear而来""羊眉吐气"。

本它独公限个人珍藏
切勿与他人分享

梁刚 ◎ 编著

一觉醒来,天都黑了—

当代世界出版社

图书在版编目（CIP）数据

脑筋不会转弯的是神马 / 梁刚编著. -- 北京：当代世界出版社，2012.4
ISBN 978-7-5090-0811-9

Ⅰ.①脑… Ⅱ.①梁… Ⅲ.①智力游戏 Ⅳ.①G898.2

中国版本图书馆CIP数据核字（2012）第028879号

脑筋不会转弯的是神马

作　　者：	梁　刚
出版发行：	当代世界出版社
地　　址：	北京市复兴路4号（100860）
网　　址：	hppt://www.worldpress.com.cn
编务电话：	（010）83908456
发行电话：	（010）83908410（传真）
	（010）83908408
	（010）83908409
	（010）83908423（邮购）
经　　销：	新华书店
印　　刷：	三河市祥达印装厂
开　　本：	730mm×960mm　　1/16
印　　张：	15.5
字　　数：	160千字
版　　次：	2012年5月第1版
印　　次：	2012年5月第1次
书　　号：	978-7-5090-0811-9
定　　价：	20.00元

如发现印装质量问题，请与承印厂联系调换。
版权所有，翻印必究；未经许可，不得转载！

目录 CONTENTS

有时候你需要来点"猪鼓励豆" / 001

伸出五指就是"三长两短"呀 / 007

麋鹿最没有方向感，因为它常常"迷路" / 012

狮子是森林联络员，因为"狮（失）去联络" / 016

天上的星星重八克，因为"星巴克" / 020

东坡肉里真的有苏轼吗？ / 026

念一段大杯（悲）咒，给我一大杯饮料 / 030

当今社会，大家吃饭基本靠嘴 / 035

走路脚不沾地是因为咱穿了鞋 / 039

生菜是永远煮不熟的菜，甜菜放多少盐也不会咸 / 043

靠别人脑袋生活的除了领导就是理发师 / 049

出生率最高的地方是产房，死亡率最高的地方是病床 / 054

梁山伯和祝英台的孩子是……毛毛虫 / 058

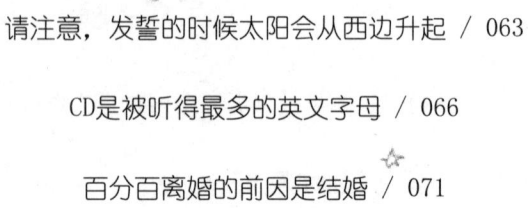

请注意，发誓的时候太阳会从西边升起 / 063

CD是被听得最多的英文字母 / 066

百分百离婚的前因是结婚 / 071

风的孩子叫做水起，因为"风生水起" / 075

梨子是温度最高的水果，因为"离子烫" / 082

公主不用挂蚊帐是因为嫁给了青蛙王子 / 088

关羽死得早是因为"红颜薄命" / 095

芭蕾舞演员的工作就是忙着"团团转" / 100

胖妞最怕别人对她说"保重" / 105

比乌鸦更讨厌的是乌鸦嘴 / 109

狗不生虱子是因为它只会生小狗 / 113

因为男人叫"先生"，所以这个世界是先有男人的 / 119

盲人吃橘子就是要瞎掰啊 / 128

因为男女有"别"，所以会分手 / 131

猪立在叶子上就叫做"朱丽叶" / 135

医书是毛病最多的书 / 138

吃甘蔗是最吞吞吐吐的一件事儿 /141

"抢救无效"才是最大杀手 / 146

黑皮肤的优点是——不怕晒黑! / 152

增长智力的最有效方法是"吃一堑长一智" / 156

你真的会数学吗? / 159

惊天秘闻:母鸡腿短是因为怕摔碎鸡蛋 / 163

我在等秘书 / 168

浸了水的棉花比盐重 / 172

老师,红豆冰棒是甜的 / 176

圣诞老人放进袜子的第一样东西是……脚 / 181

借光就不用还了 / 186

捏住鼻子你就看不见自己的鼻子了 / 189

和自己老婆孩子一起打麻将的目的是回收一部分薪水 / 193

爱情使人盲目，所以"情人眼里出西施" / 198

十年前吞下一枚金币，十年后取出可以变多吗？ / 203

谁是考场长颈鹿？ / 207

嫦娥去年就笑死了 / 213

十根指头里无名指最长——因为念出来要三个字 / 217

杨过断臂后一直是怎么剪指甲的呢？ / 221

借"过"到底该怎么还呢？ / 225

鱼汤加羊汤等于史上最鲜汤 / 230

头发是会自己茁壮成长的 / 233

罗马是不能骑的马 / 237

蛀虫是最有学问的虫子 / 241

有时候你需要来点"猪鼓励豆"

1.

换心手术失败,医生问快要断气的病人有什么遗言要交代,你猜他会说什么?

答案:其实你不懂我的心。

2.

男人在一起喝酒,为什么非划拳不可?

答案:敬酒不吃吃罚酒。

3.

冬天里,不通过加热,如何才能把冰立刻变成水?

答案:把"冰"字的两点去掉。

4.

　　一只饿猫从一只胖老鼠身旁走过，为什么那只饥饿的老猫竟无动于衷继续走它的路，连看都没看这只老鼠一眼？

　　答案：瞎猫遇到死耗子。

5.

　　什么东西愈生气，它便愈大？

　　答案：脾气。

6.

　　嫦娥为什么喜欢住在月球上？

　　答案：嫦娥爱吃兔肉。

7.

　　铁锤锤鸡蛋为什么锤不破？

　　答案：锤是铁的，当然不会破了。

8.

有一位女士离婚数次,打一四字成语?

答案:前功(公)尽弃。

9.

口吃的人做什么事最亏?

答案:打长途电话。

10.

当哥伦布一只脚迈上新大陆后,紧接着做了什么?

答案:迈上另一只脚。

11.

有一颗豆摔倒了,只有你能鼓励他,为了什么?

答案:因为朱古力豆(猪鼓励豆)。

12.

为什么孔雀向东南飞而不向西北飞?

答案:因为"西北有高墙"。

13.

一位卡车司机和一个骑摩托车的人相撞,卡车司机受重伤,摩托车司机却没事,为什么?

答案:卡车司机当时没开车。

14.

什么事天不知地知,你不知我知?

答案:鞋底破了。

15.

有两个人,一个面朝南、一个面朝北地站立着,不准回头,不准走动,不准照镜子,问他们能否看到对方的脸?

答案:当然能,他们是面对面站着的。

16.

孔子与孟子有何不同?

答案:孔子的子在左边,孟子的子在上边。

17.

借什么可以不还?

答案:借光。

18.

进动物园看到的第一个动物是什么?

答案:售票员。

19.

你只要叫它的名字就会把它破坏,它是什么?

答案:沉默。

20.

什么东西经常会来,但却从没真正来过?

答案:明天。

21.

汽车在右转弯时,哪一个轮胎不转?

答案:备用轮胎。

脑筋不会转弯的是神马!!

22.
有一块天然的黑色大理石,在九月七日这一天,把它扔到钱塘江里会有什么现象发生?

答案:沉到江底。

23.
一对健康的夫妇,为什么会生出没有眼睛的婴儿?

答案:这是对健康的公鸡母鸡夫妇,鸡生蛋。

24.
为什么两只老虎打架,非要拼个你死我活才罢休?

答案:没有人敢劝架。

25.
林先生大手术后换了一个人工心脏。病好了后,她的女友却马上提出分手,为什么会这样?

答案:他没有真心爱她。

伸出五指就是"三长两短"呀

一个刚生下的婴儿，有两个小孩和他是同年同月同日生，而且是同一对父母生的，但他们不是双胞胎，这可能吗？

答案：可能，他们是三胞胎。

大象的左耳朵像什么？

答案：右耳朵。

家人问医生病人的情况，医生只举起5个手指，家人就哭了，是什么原因呢？

答案：三长两短。

把一只鸡和一只鹅同时放进冰箱里,为什么鸡死了鹅没死?

答案:那只鹅是企鹅。

用椰子和西瓜打头哪一个比较痛?

答案:头比较痛。

小王与父母头一次出国旅行。由于语言不通,他的父母显得不知所措。小王也丝毫不懂外语,他也不是聋哑人,却像在自己国家里一样未曾感到不便,这是为什么?

答案:小王是个婴儿。

怎样才能用蓝笔写出红字来?

答案:写个"红"字。

人在什么情况下会七窍生烟?

答案:火葬。

狐狸精最擅长迷惑男人,那么什么"精"男女一起迷?

答案:酒精。

你能做,我能做,大家都能做;一个人能做,两个人不能一起做。这是做什么?

答案:做梦。

放一只铅笔在地上,要使任何人都无法跨过,怎么做?

答案:放在墙角。

为了怕身材走样,结婚后不生孩子的美女怎么称呼?

答案:绝代佳人。

黑人为什么喜欢吃白色巧克力？

答案：怕吃黑色巧克力咬到自己的手指。

你知道现代的科学家一般都出生在哪里吗？

答案：医院里。

大雁为什么要向南飞？

答案：因为用脚走太慢了。

冬瓜、黄瓜、西瓜、南瓜都能吃，什么瓜不能吃？

答案：傻瓜。

老王一天要刮四五十次脸，脸上却仍有胡子。这是什么原因？

答案：老王是个理发师。

有一个字，人人见了都会念错。这是什么字？

答案：这是"错"字。

有什么事比亲眼看着好朋友上电椅更痛苦？

答案：他临死时还握着我的手。

当跳到黄河也洗不清的时候，该如何澄清自己？

答案：跳到澄清湖里。

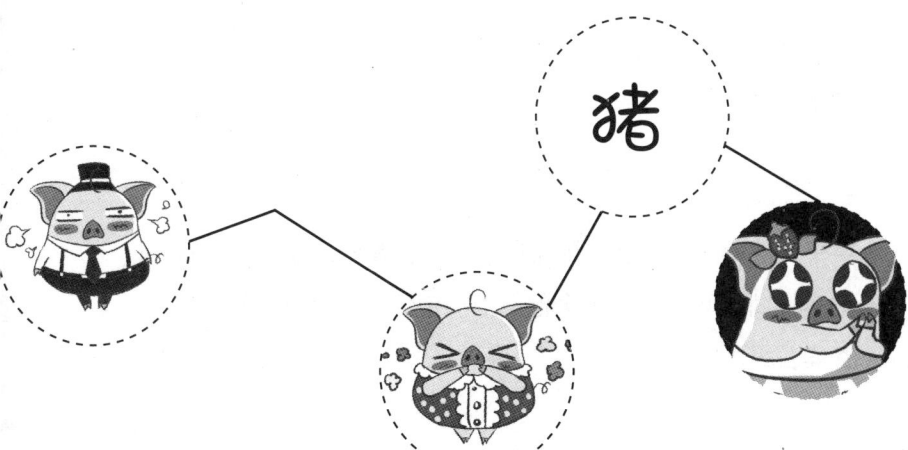

猪

麋鹿最没有方向感，因为它常常"迷路"

眼睛不会转弯的是神马

1.

小白加小白等于什么？

答案：小白兔（Two）。

2.

如果有一台车，小明是司机，小华坐在他右边，小花坐在他后面，请问这台车是谁的呢？

答案：是"如果"的。

3.

一天，一块三分熟的牛排在街上走着，突然他在前方看到一块五分熟的牛排，可却没有理会他。他们为什么没打招呼？

答案：因为他们不熟。

4.

有两个人掉到陷阱里了,死的人叫死人,活人叫什么?

答案:叫"救命"啦。

5.

丹丹是小狗的名字还是小老虎的名字?

答案:小老虎,因为"虎视丹丹(眈眈)"。

6.

什么牌子的汽车最讨厌别人摸?

答案:宝马,BMW(别摸我)。

7.

有ABCD……26个字母,如果E、T走后剩多少个?

答案:21个,因为ET还开走了UFO。

8.

哪种动物最没有方向感?

答案:麋鹿(迷路)。

9.

狼、老虎和狮子谁玩游戏一定会被淘汰?

答案:狼,因为淘汰狼(桃太郎)。

10.

红豆家的小孩是谁?

答案:南国,因为"红豆生南国"。

11.

谁给刘德华喝忘情水?

答案:啊哈。因为歌词里唱"啊哈,给我一杯忘情水……"

12.

为什么多啦A梦一辈子都生活在黑暗中?

答案:因为他伸手不见五指。

13.

为什么篮球板上要抹两勺盐?

答案:因为"一盐难进(一言难尽)"。

14.

世界上最小的手铐是什么?

答案:戒指。

15.

什么钉子最可怕?

答案:眼中钉。

16.
小毛喜欢运动，有一天他在38摄氏度高温的大太阳下做很激烈的运动，为什么不会流汗?

答案：他在游泳。

17.
在赛车比赛中，有辆车撞上了大树，车子完全撞烂，开车者却毫发无伤，为什么?

答案：那是遥控车比赛。

18.
突然下了一场大雨，忙着耕种的农民纷纷躲避，有一人却不走，为什么?

答案：它是稻草人。

19.
小狗和小兔去老师那里背书，为什么老师让小狗先背?

答案：因为汪汪先背（旺旺仙贝）。

20.
哪一首歌的第一句就出现了三个人?

答案：《我不是黄蓉》（我，布什，黄蓉）。

狮子是森林联络员，因为"狮（失）去联络"

脑筋不会转弯的是神马

1.

谁最喜欢伸出援手？

答案：多啦A梦，因为他只有圆手（援手）。

2.

哪个聊天工具最慢？

答案：MSN（慢死你）。

3.

在哪里藏着你的鸽子？

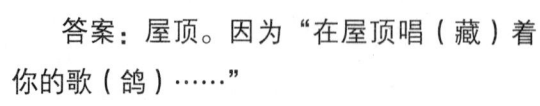

答案：屋顶。因为"在屋顶唱（藏）着你的歌（鸽）……"

4.

为什么森林里总派狮子去联系事情?

答案:因为森林里总是"狮(失)去联络"。

5.

一个包子和土豆打架,结果土豆把包子打死了。(猜一食物)

答案:豆沙(杀)包。

6.

包子死了,他的爸爸来找土豆报仇。土豆知道打不过,就逃啊逃,一条河把土豆给拦住了。(猜一蔬菜)

答案:荷兰豆(河拦豆)。

7.

哈里波特为什么会住在灯泡里?

答案:因为哈里波特是巫师(钨丝)。

8.

便秘的前因。(猜一外国明星)

答案:史泰龙(屎太浓)。

9.

城市和乡下,哪个地方的河流水比较急?

答案:乡下,因为"乡间河太急(相煎何太急)"。

10.

甲、乙、丙、丁、戊、己、庚、辛，那一个字最酷？

答案：丁，因为"丁字裤"。

11.

晚上12点整要做什么事情？

答案：抱佛脚，因为临（零）时抱佛脚。

12.

有一个白痴坐飞机，把飞机上的马桶拆下来往外丢，猜猜为什么？

答案：因为他是白痴。

13.

阿拉丁有几个哥哥？

答案：三个，分别叫阿拉甲、阿拉乙、阿拉丙。

14.

一颗心值多少钱？

答案：一亿，因为"一心一意"。

15.

太阳，月亮，星星哪个是哑巴？

答案：星星，因为"天上的星星不说话"。

16.

你知道为什么中秋节一定要吃月饼吗?

答案：你想吃太阳饼也要有呀。

17.

什么颜色最会模仿?

答案：红色，因为"红模仿（磨坊）"。

18.

什么地方只要进去一个人就客满?

答案：厕所。

19.

历史上哪个人物跑得最快?

答案：曹操，因为"说曹操曹操到"。

20.

汽车会飞，请猜一种饮料?

答案：咖啡，因为"Car飞"。

天上的星星重八克，因为"星巴克"

脑筋不会转弯的是神马

1.
有只馒头，吃了个肉丸，怎么样了？
答案：变包子了。

2.
有一只白猫和一只黑猫，白猫掉到水里去了，黑猫把它救了上来，白猫对黑猫说了句什么？
答案：喵。

3.

天上的星星有多重？

答案：八克，因为"星巴（八）克"。

4.

爷爷、爸爸、弟弟，谁听了妈妈的话会流眼泪？

答案：爷爷，因为"爷爷（夜夜）想起妈妈的话，闪闪的泪光鲁冰花"。

5.

有两只蜜蜂很相爱，后来母蜜蜂却嫁给了蜘蛛，为什么？

答案：因为这只母蜜蜂爱上网。

6.

林黛玉是怎么死的呢？

答案：摔死的，因为"天上掉下个林妹妹"。

7.

一头猪说:"加油啊!"打一食品。

答案:朱古力。

8.

有一个鸡蛋去茶馆喝茶,后来怎么样了?

答案:结果它变成了茶叶蛋。

9.

有一只公鹿,它走着走着,越走越快,最后怎么样?

答案:它变成了高速公路(鹿)。

10.

有一天绿豆从5楼跳下来自杀,流了很多血,最后怎么样?

答案:它变成了红豆。

11.

有十只羊,九只蹲在羊圈里。打一个成语。

答案:抑扬顿挫(一羊蹲错)。

12.

一只蜜蜂叮在挂历上,打一个成语。

答案:风(蜂)和日丽(日历)。

13.

一只熊走过来,打一个成语。

答案:有备而来(有bear来)。

14.

手机不可以掉到马桶里,打一个成语。

答案:机不可失(湿)。

15.

有一个鸡蛋到死海游泳，会怎么样？

答案：变成了咸蛋超人。

16.

有一个鸡蛋跑到花丛中去了，会怎么样？

答案：变成了花旦（蛋）。

17.

有一个鸡蛋跑去松花江游泳，会怎么样？

答案：变成了松花蛋。

18.

有一个鸡蛋跑到了山东，会怎么样？

答案：变成了鲁（卤）蛋。

脑筋不会转弯的是抽马

19.

有一个鸡蛋无家可归，会怎么样？

答案：变成了野鸡蛋。

20.

有一个鸡蛋在路上不小心摔了一跤，倒在地上，会怎么样？

答案：变成了导弹（倒蛋）。

东坡肉里真的有苏轼吗?

脑筋不会转弯的是神马

1.
非洲食人族的酋长吃人,那如果酋长要吃素呢?
答案:吃植物人。

2.
玉米想追求时髦,去烫头了,结果怎么样呢?
答案:变成了爆米花。

3.
怎样让鸭子不会飞走?
答案:插一只翅膀给它,因为"插翅难飞"。

4.
谁家没有电话?
答案:天衣,因为"天衣无缝(phone)"。

5.

小黑，小白，小黄，小红四人搭飞机，请问谁会晕机？

答案：小白，因为小白兔（吐）。

6.

什么时候星期四在星期三的前面？

答案：本周星期四在下周星期三的前面。

7.

有一只狼来到了北极，不小心掉到冰海中，被捞起来时变成了什么？

答案：槟榔（冰狼）。

8.

一头牛一年吃三公顷的牧草，现有面积三十公顷的牧场养了五头牛，请问需要多久牧草才能全部被吃完？

答案：草还会长，永远也吃不完。

9.

老王天天掉头发，用了很多办法都没用，只有一种办法能使他永远不掉头发，是什么方法呢？

答案：把头发剃光。

10.

流浪了50多年的流浪汉，有一天突然不流浪了，为什么？

答案：他死了。

11.

为什么有一个人经常从十米高的地方不带任何安全装置跳下？

答案：他是跳水运动员。

12.

羊停止了呼吸，打一个四字成语。

答案：扬眉吐气（羊没吐气）。

13.

狗过了独木桥就不叫了，打一个四字词语。

答案：过目不忘（过木不汪）。

14.

谁最了解鸟类？

答案：惊弓，因为"惊弓之鸟（知鸟）"。

15.

哪一种蛇有很多嘴巴？

答案：七嘴八舌（蛇）。

16.
洗脸的叫脸盆，那洗手的呢？
答案：金盆，因为"金盆洗手"。

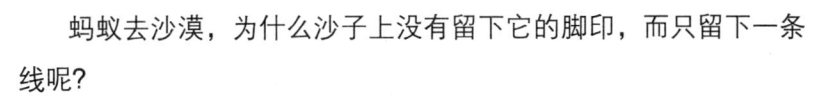

17.
蚂蚁去沙漠，为什么沙子上没有留下它的脚印，而只留下一条线呢？
答案：因为它是骑脚踏车去的！

18.
蚂蚁从沙漠回家了，它没有通知任何人，但是家人却知道它回来了，为什么啊？
答案：家人看见它停在楼下的脚踏车……

19.
蚂蚁从喜马拉雅山上摔下来后是怎么死的？
答案：饿死的。因为太轻，所以飘下来要很久……

20.
自然课老师问："为什么人死后身体是冷的？"
答案：那是因为心静自然凉。

念一段大杯（悲）咒，给我一大杯饮料

脑筋不会转弯的是神马

如何让饮料变大杯？

答案：念大悲咒（大杯咒）。

请问唐朝时有谁戴眼镜？

答案：李白，因为他诗里说："床前明月光，咦？是地上霜！"

金木水火土谁的腿最长？

答案：火腿长（火腿肠）。

怎么解释"心有余而力不足"这句成语是最好的呢?

答案:知道意思,但不会解释。

为什么说1最懒惰2最勤劳?

答案:因为"1不做2不休"。

左边三十一,右边一十三,猜一字。

答案:非。

永远都没有终结的事是什么?

答案:问题。

盖楼要从第几层开始盖?

答案:是从地基开始的。

读完北京大学需要多少时间?

答案:一秒钟足够。

什么东西说"父亲"时不会相碰，叫"爸爸"时却会碰到两次？

答案：上嘴唇和下嘴唇。

一架飞机坐满了人，从万米高空落下坠毁，为什么一个伤者也没有？

答案：没有伤者，都摔死了。

请你把九匹马平均放到十个马圈里，并让每个马圈里的马的数目都相同，应该怎么分？

答案：把九匹马放到一个马圈里，然后在这个马圈外再套九个马圈。

楚楚的生日在3月30日，请问是哪一年的3月30日？

答案：每年的3月30日。

哪儿的海不产鱼？

答案：辞海。

猴子每分钟能掰一个玉米，在果园里，一只猴子五分钟能掰几个玉米？

答案：一个都掰不到，因为果园里没有玉米。

两只狗赛跑，甲狗跑得快，乙狗跑得慢，跑到终点时，哪只狗出汗更多？

答案：都不会，因为狗是不会出汗的。

动物园的大象死了，为什么管理员哭得那么伤心？

答案：他想到要挖那么大一个坑去埋大象，就绝望地哭了。

电线杆上三只麻雀正在打架，其中一只不小心掉下来，为什么其他两只也跟着掉了下来？

答案：那两只是在拍手的时候掉下来的。

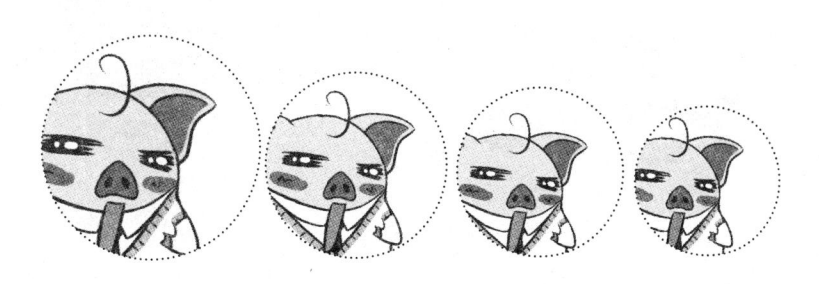

比细菌还小的东西是什么？

答案：细菌的儿子。

一个可以大可以小的地方是哪里？

答案：厕所（可以大便和小便）。

一个人被关在密闭的房间里，只有一扇门，但无法拉开，他该如何出来？

答案：把门推开。

当今社会，大家吃饭基本靠嘴

1.

小明在一场激烈枪战后，身中数弹，血流如注，然而他仍能精神百倍地回家吃饭，为什么？

答案：因为他在拍戏。

2.

什么情况下一山可容二虎？

答案：一公一母。

3.

小华明天考试，他已经把英语背得滚瓜烂熟，第二天考试还是不及格，为什么？

答案：第二天不是英语考试。

4.

火车由北京到上海需要6小时，行驶3小时后，火车在什么地方？

答案：在火车轨道上。

5.

当今社会，商人们大都靠什么吃饭？

答案：嘴巴。

6.

如果你的女友向你要天上的星星怎么办？

答案：给她一拳（晕的时候会眼冒金星）。

7.

什么动物坐也是坐，站也是坐，走也是坐？

答案：青蛙。

8.

小明知道试卷的答案，为什么还频频看同学的？

答案：因为小明是老师。

9.

警察面对两名歹徒，但是他只剩下一颗子弹，他对歹徒说：谁动就打谁。结果没动的反而挨子弹，为什么？

答案：因为不动的比较好打。

10.

吃苹果时，咬了一口发现一条虫子，觉得特别恶心；看到两条虫子，觉得更恶心；请问看到几条虫子让人最恶心？

答案：半条虫子。

11.

有半瓶酒，瓶口用软木塞塞住，不准敲碎瓶子，不准拔去木塞，不准在塞子上钻孔，怎样喝到瓶子里的酒？

答案：把木塞推进瓶里。

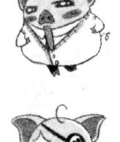

12.

哪一种死法是一般死囚所欢迎的?

答案：老死。

13.

美国人登陆月球，第一句话讲的是什么话?

答案：美国话。

14.

水蛇、蟒蛇和青竹蛇哪一个比较长?

答案："青竹蛇"最长，因为有三个字。

15.

战场上，子弹最密集的地方在哪里?

答案：在弹药运输车上。

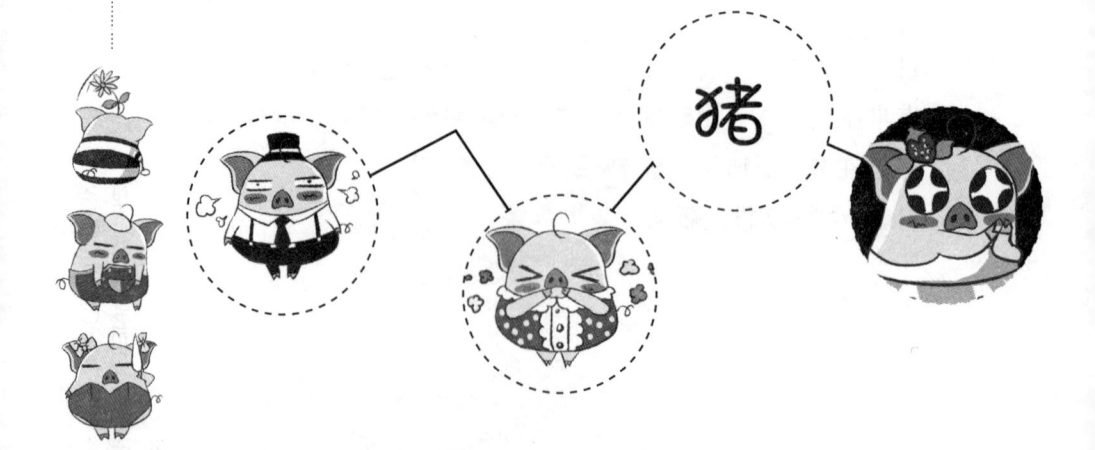

走路脚不沾地是因为咱穿了鞋

1.

太阳和月亮在一起是哪一天?

答案:明天(明字,是由日和月两个字组成)。

2.

刮风的晚上,停电了,晓晓上床睡觉时忘了吹蜡烛,第二天醒来时,蜡烛居然还有很长一支没有燃完,为什么呢?

答案:被风吹灭了。

3.

什么人每天靠运气赚钱?

答案:煤气工人。

4.

谁的脚常年走路不穿鞋?

答案:动物的脚。

5.

从事什么职业的人容易在短时间内反复改变主意？

答案：队列教官。

6.

期末考试成绩下来了，平平的四门功课全是零分。老师却说比起某些同学来平平有一条是值得表扬的。老师指的是什么？

答案：平平没有作弊。

7.

小波比的一举一动都离不开绳子，为什么？

答案：小波比是个木偶。

8.

什么时候做的事别人看不到？

答案：梦里做的事。

9.

为什么说全真教中无骗子？

答案：因为他们是全"真"教。

10.

兵强马壮的城市是哪里?

答案：武昌。

11.

把火熄灭的最快方法是什么?

答案：火上加一横。

12.

什么"贼"不偷东西，专门卖东西?

答案：卖国贼。

13.

有什么办法在最短的时间内打开魔方?

答案：把它打碎。

14.

什么人站在刀尖上生活?

答案：滑冰的人。

15.

人最怕屁股上有什么东西?

答案：一屁股的债。

16.

哪个寨子的人是最多的?

答案:柬埔寨。

17.

"大家齐欢乐"是说什么地方的?

答案:齐齐哈尔。

18.

什么事你明明没有做却要受罚?

答案:做作业。

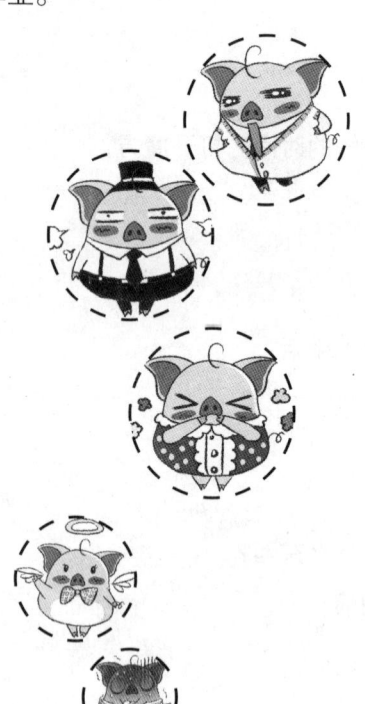

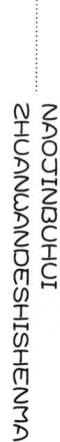

生菜是永远煮不熟的菜，甜菜放多少盐也不会咸

什么东西洗好了却不能吃？

答案：扑克。

小李说："我前面的人是小王。"小王说："我前面的人是小李。"这是怎么回事？

答案：很简单，他们面对面地站着。

为什么有一个地方失火，可是却没人打火警电话？

答案：因为那个地方就是消防局。

一个瞎子射击一个帽子，怎样一枪就中？

答案：把帽子挂在枪口上。

小立在街上走，前面有个人掉了一块肉和一个钱包，钱包里有很多钱，小立为什么捡肉不捡钱包？

答案：因为小立是狗。

胖的时候减肥，最先瘦下去的是哪个部位？

答案：钱包。

什么人生病从来不看医生？

答案：盲人。

有一位老太太上了公交车，为什么没人让座？

答案：车上有空座。

一个人从五十米高的大厦上跳楼自杀，重重地摔在了地上，为什么没被摔死？

答案：他在半空就已经吓死了。

牧师无论如何都不能主持的仪式是什么？

答案：自己的葬礼。

一对健康的夫妇，很不注意计划生育，生了三个孩子，这三个孩子都只有一只右手，这是为什么？

答案：人不可能有两只右手呀！

南来北往的两个人，一个挑担，一个背包，他们没争也没吵，也没有人让路，却顺利地通过了独木桥，为什么？

答案：南来北往是同一个方向，当然不用让路了！

在狩猎公园的池子中，鳄鱼正咬住管理员的帽子游走，只见池子外的所有管理员都一起叫骂着。但是，并没有人的帽子不见了！为什么？

答案：鳄鱼把戴此帽子的管理员吞下去了。

亚当和夏娃结婚后，最大的遗憾是什么？

答案：没有人来喝喜酒。

时钟什么时候不会走？

答案：时钟本来就不会走。

文文在洗衣服，但洗了半天，她的衣服还是脏的，为什么？

答案：她在洗别人的衣服。

小李酒后撞伤了脸，回家怕太太知道会责备，去洗手间对着镜子贴上创可贴，可第二天还是被太太骂了一顿，为什么？

答案：创可贴贴在镜子上了。

脑筋不会转弯的是神马

什么菜永远煮不熟?

答案:生菜。

什么菜放多少盐也不咸?

答案:甜菜。

某富翁的左右邻居都养狗,一到晚上,这两条狗就吠叫不停。无法忍受这种折磨的富翁,便支付搬家费一百万元,希望左右邻居都搬走。然而,两个邻居确实是连狗一起搬家了,但是一到夜晚,富翁还是会听到完全相同的狗吠声。这是为什么?

答案:两邻居互相调了房子。

能够使眼睛透过墙看到外面的东西是什么?

答案:窗户。

一只小鸟飞进了迪斯科舞厅,突然掉了下来,请问发生了什么事情?

答案:音量太大,小鸟用翅膀捂耳朵,所以掉了下来。

有一个人头戴安全帽，上面绑着一把扇子，左手拿着电风扇，右手拿着水壶，脚穿溜冰鞋，请问他要去哪里？

答案：应该被送去精神病院。

哪一种人是占用地球表面积最小的人？

答案：芭蕾舞演员。

什么布只有一个国家出产？

答案：卢布。

靠别人脑袋生活的除了领导就是理发师

1.

一位先生从单身到结婚,再到生孩子,给乞丐施舍的钱越来越少,乞丐为此大为恼火。乞丐生气的理由是什么?

答案:这不是拿乞丐的钱养活家人吗?

2.

人能登上珠穆朗玛峰,有一个地方却永远登不上。那是什么地方?

答案:自己的头顶。

3.

美国的公用电话亭和中国的有一个很大的区别,就是美国电话亭大部分都会刷满油漆,或者采用毛玻璃,使外面的人看不见里面打电话的人,知道这是为什么吗?

答案:超人要在里面换内裤。

4.

为什么有些人东西糊了还笑得那么开心?

答案:因为,他是麻将胡了。

5.

龟兔赛跑总是龟赢,兔子应该坚持比哪一项目,才能赢得了乌龟?

答案:仰卧起坐。

6.

古人曾将蓝色布衣浸于黄河水中,发生了什么现象?

答案:衣服湿了。

7.

各种肤色的人种哪个部位的颜色是相同的?

答案:血液。

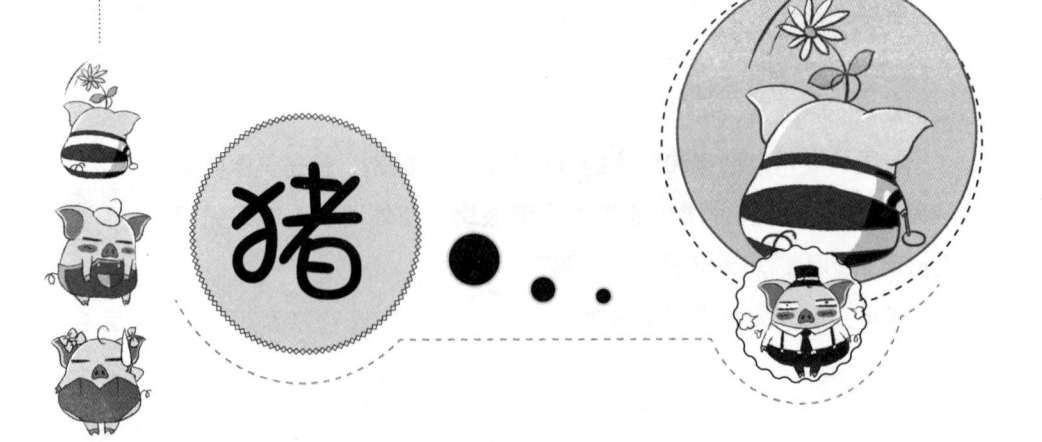

8.

从前,有一个国王,有一天他要嫁女儿,于是来了好多王子,国王就规定,王子们要骑着马绕城池一圈,还规定谁的马最后进城谁当选。比赛开始了,王子们骑着马绕城池跑了一圈之后,都停在了城门口不肯进去,比赛中断了。正在这时,一个农夫路过,他向王子们问清楚情况之后,给他们出了个主意,这个主意既没有违反国王的规定,又让比赛继续进行下去了。后来王子们都骑着马心甘情愿地跑进城,终于选出了国王的女婿!嘿嘿,问:农夫出的是什么主意?

答案:换骑别人的马。

9.

美人鱼为什么对王子情有独钟?

答案:因为美人鱼不会劈腿。

10.

死前放屁叫什么?

答案:绝响。

11.

什么人靠别人的脑袋生活?

答案:理发师。

12.

平平把鱼放在鱼缸里，不到十分钟鱼都死了，为什么？

答案：鱼缸内没有水。

13.

什么东西不大，但却可以装下比它大得多的东西？

答案：电视机。

14.

什么交通工具速度越慢越让人恐惧？

答案：正在飞行的飞机。

15.

一只普通手表刚掉到大海里，会不会停？

答案：不会停，它会一直沉下去。

16.

一位服装模特儿小姐，即使在平日也穿着未经发表的新款服饰，但她常常看到穿着和她完全相同服饰的人。这是为什么？

答案：因为她看到的是映于镜子内的自己。

17.

火柴盒内只剩一根火柴棒。A先生想点亮煤油灯，使煤炉起火，并烧热水的话，应该先点何物较佳?

答案：应先点燃火柴棒。若没将火柴棒点燃，其他的部分就不能发挥作用了。

18.

如何将你的右手放在左裤兜里，左手放在右裤兜里?

答案：将裤子反着穿。

19.

上次汤姆过生日时7岁，下次他过生日是9岁，这是怎么回事?

答案：今天是他8岁生日。

20.

谁是世界上最有恒心的画家?

答案：爱化妆的女人。

21.

小张把一个鸡蛋扔到一米以外的地方去，鸡蛋却没有破，为什么?

答案：鸡蛋还没有落地。

22.

小李的英语非常好，可老外却听不懂，为什么?

答案：老外是日本人。

出生率最高的地方是产房，死亡率最高的地方是病床

脑筋不会转弯的是神马

1.

车祸发生后不久，第一批警察就赶到了现场，他们发现司机安然无恙，翻覆的车子内外血迹斑斑，却没有见到死者和伤者，而这里是荒郊野外，并无人烟，这是怎么回事？

答案：这是一辆献血车。

2.

马在什么地方不用四条腿照样可以走？

答案：棋盘上。

3.

小明家很富裕，可他想买玩具时却从不向母亲要一分钱，为什么？

答案：因为一分钱买不到玩具。

4.

小王住的是楼房，为什么每次出门还要上楼？

答案：他住地下室。

5.

地球上什么地方的出生率最高？

答案：产房。

6.

小张一直朝北走，走着走着他又没有转身可是却走到了正南方，为什么？

答案：他越过北极点再向前走就是南方。

7.

为什么现代人越来越言而无信？

答案：因为有了电话。

8.

一个职业登山运动员什么山上不去？

答案：刀山。

9.

为什么有的果树生长十几年也不结一个苹果？

答案：那不是一棵苹果树。

10.

想从北京到巴黎，要多少钱？

答案：不要钱，因为只是想一想。

11.

如何从一半是水，一半是油的缸中取水不取油？

答案：从缸底部打个洞取水，因为水的比重比油大。

12.

有一个人在大雨倾盆的旷野中奔跑了十分钟，头发和衣服都没有湿，为什么？

答案：那是一个裸体的秃头男人。

13.

有两面与你一样高的大镜子平行竖放，如果你脱光了站在中间就会有很多人像排成一列反映出来，那么，将前后左右上下不留一点缝隙地用镜子封成一个立体房间，并且，镜面都朝内，当一个裸体的人进到里面，会看到什么？

答案：什么都看不到。因为不留一点缝隙，光线透不进来，所以什么也看不到。

14.

什么东西别人请你吃，但你自己还是要付钱？

答案：吃官司。

15.

每个成功男人背后都会有一个女人，那一个失败的男人背后会有什么？

答案：有太多的女人。

梁山伯和祝英台的孩子是……毛毛虫

1.

一天晚上，A君在家读一本有趣的书，他的妻子把电灯关了。尽管屋内漆黑一团，A君仍然手不释卷，读得津津有味。这是为什么？

答案：A君是盲人，他读的是盲文书。

2.

路边电线杆上蹲着一只猴子，司机小李看到后就立刻停下车来，这是为什么？

答案：他把猴屁股当红灯了。

3.

某地发生了大地震，伤亡惨重，收音机里不断播放受灾情况以及寻人启事，一位老大爷一直在注意收听收音机的报道。有人问他："收音机里播放过你孙子的消息了吗？"他回答说："没有。"接着他又说："但我知道我孙子肯定平安无事。"请问他是怎么知道的？

答案：他孙子是那个播音员。

4.

梁山伯和祝英台变成了一对比翼双飞的蝴蝶之后怎样了?

答案:生了一堆毛毛虫。

5.

爸爸问小明,什么东西浑身都是漂亮的羽毛,每天早晨叫你起床?小明猜对了,但却不是鸡,那是什么?

答案:鸡毛掸子。

6.

有个人不是官,却负责全公司职工干部上上下下的工作。这个人是干什么的?

答案:开电梯的。

7.

老张是一位出色的小说家,为什么有一次他连续写了一个月,连一篇小说的题目都没写出来?

答案:他写的是散文。

8.

小李因工作需要常应酬交际,虽然每天都很早回家,可是老婆还是抱怨不断。为什么?

答案:他是早上才回家。

9.

为什么暑假一定比寒假长?

答案:热胀冷缩。

10.

有一名囚犯被抓到警察局,并被单独关到了一间密封非常好的小囚室里,在外人没有可能进入的情况下,第二天早晨,囚室里居然多出了一名男士!这是为什么?

答案:她是名女囚犯,第二天生了一个小男孩。

11.

有一个女生,她可以不洗澡、不换衣服,但她的衣服是世界上最贵的,请问她是谁?

答案:她是自由女神。

12.

总是在舌头比头脑快时才产生的感觉是什么?

答案:愚蠢。

13.

下雨天不怕雨淋的是什么?

答案:雨伞和雨衣。

14.

身子里面空空洞洞而却拥有一双手的是什么?

答案:手套。

15.

有两个人同时来到了河边,都想过河,但却只有一条小船,而且小船只能载一个人,请问:他们能否都过河?

答案:能,因为他们分别在河的两边。

16.

某个动物园中,有两只狮子趁管理员一时疏忽、忘记给笼子上锁的机会逃出来,在公园内窜来窜去。人们一边避险,一边找管理员,而管理员却躲到了一个更安全的地方。此地为何处?

答案:关狮子的笼子里。

17.

有两辆汽车以完全相同的速度,分别行驶于紧邻的两条道路上。不久之后,虽然两车都未改变车速,但是B车突然开始超越A车,这可能吗?(两条道路都是直线)

答案:A车道有下坡路段,使距离变长。

18.

什么动物天天熬夜?

答案:熊猫,你看它的黑眼圈。

19.

数个大小形状相同的物体并排在一起时,有无可能越接近自己的东西看起来越小,越远离的物体看起来越大?

答案:有可能。如使用镜子反射,便可出现这种情况。

20.

一座桥上面立有一牌,牌上写着"不准过桥"。但是很多人都置之不理,照样过去。你说这是为什么?

答案:这座桥的名字叫"不准过桥"。

21.

贝多芬给了学生什么样的启示?

答案:背了课本就会多得分(背多分)。

22.

什么饼不能吃?

答案:铁饼。

请注意，发誓的时候太阳会从西边升起

夜黑风高的晚上，小李遇见一个鬼，那鬼却吓得落荒而逃，为什么？

答案：那是一个胆小鬼。

什么床不能睡？

答案：牙床。

什么老虎不吃人？

答案：秋老虎。

一加一等于什么?

答案:等于"王"。

人身上的什么东西不怕冷?

答案:鼻涕。

吸血鬼抓住了一个人,却并不马上吃他,吸血鬼要干什么?

答案:先看看那个人的血型再说。

一个司机飞快地从山上冲下来,却没有撞伤人,为什么?

答案:司机并没有开车。

什么东西即使是假的,也有人愿意买?

答案:假发。

我和你爸爸的弟弟的儿子的同学的哥哥是什么关系?

答案:没关系。

什么时候太阳会从西边出来?

答案:发誓的时候。

早晨醒来,每个人都要做的第一件事是什么?

答案:睁开眼睛。

市里一家医院开张,设备先进,服务周到。但令人奇怪的是,这儿竟一位病人都不收,这是为什么?

答案:这是一家兽医院。

一年四季都盛开的花是什么花?

答案:塑料花。

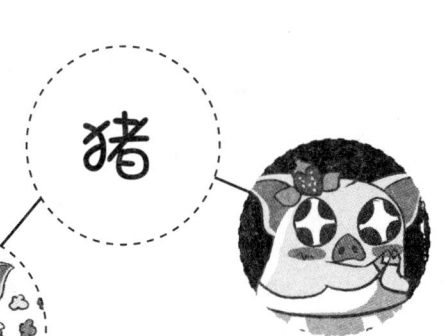

CD 是被听得最多的英文字母

1.

世界上最小的岛是什么？

答案：马路上的安全岛。

2.

一群惧内的大丈夫们正聚集在一起商量怎样才能扭转在家里的低下地位，突然听说他们的老婆来了，大家四处逃窜，唯独一人没有跑，为什么？

答案：吓晕死过去了。

3.

什么字全世界通用？

答案：阿拉伯数字。

4.

一个小孩和一个大人在漆黑的夜晚走路，小孩是大人的儿子，大人却不是小孩的父亲，请问这是为什么？

答案：因为他们是母子关系。

5.

两对父子去买帽子,为什么只买了三顶?

答案:这两对父子是爷爷、爸爸和儿子。

6.

世界拳击冠军很容易被什么击倒?

答案:瞌睡。

7.

谁是万兽之王?

答案:动物园园长。

8.

什么样的人死后还会出现?

答案:电影中的人。

9.

什么帽不能戴?

答案:螺帽。

10.

书店里买不到什么书?

答案:遗书。

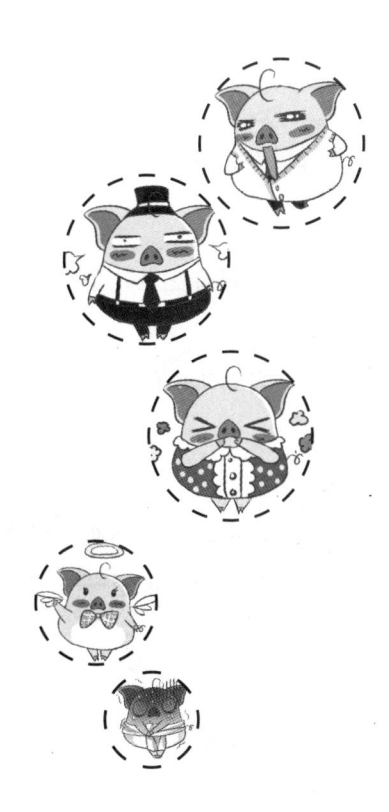

11.

什么水永远用不完?

答案：泪水。

12.

什么东西有五个头,但并不让人觉得奇怪呢?

答案：手,脚。

13.

什么英文字母人们喜欢听,而且听的次数最多?

答案：CD。

14.

小明的妈妈有三个儿子,大儿子叫大明,二儿子叫二明,三儿子叫什么?

答案：当然叫小明。

15.

什么蛋打不烂,煮不熟,更不能吃?

答案：考试得的零蛋——"0"。

16.

放大镜不能放大的东西是什么?

答案：角度。

17.
黑鸡厉害还是白鸡厉害，为什么？
答案：黑鸡，因为黑鸡会生白蛋，白鸡不会生黑蛋。

18.
三更半夜回家才发现忘记带钥匙，家里又没有其他人在，这时你最大的愿望是什么？
答案：出门时忘记锁门了。

19.
黑头发有什么好处？
答案：不怕晒黑。

20.
如果明天就是世界末日，为什么今天就有人想自杀？
答案：去天堂占位子。

21.
经理不会做饭，可有一道菜特别拿手，是什么？
答案：炒鱿鱼。

22.
什么酒不能喝？
答案：碘酒。

23.

为什么一瓶标明剧毒的药对人却无害?

答案：只要你不去喝它。

24.

包公的脸为什么是黑的?

答案：包公额头上有月亮，说明是在晚上。

25.

有一种东西，买的人知道，卖的人也知道，只有用的人不知道，是什么东西?

答案：棺材。

26.

有人说，女人像一本杂志，那么胖女人像什么?

答案：合订本。

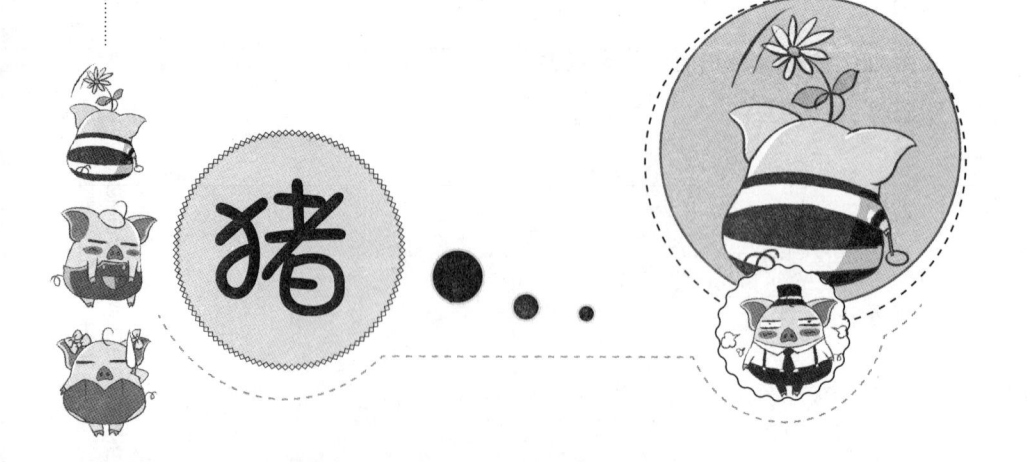

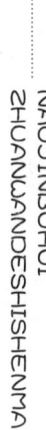

百分百离婚的前因是结婚

1.
被鳄鱼咬和被鲨鱼咬后的感觉有什么不同？
答案：没有人知道。

2.
"先天"是指父母的遗传，那"后天"是指什么？
答案：明天过后的那天。

3.
离婚的主要起因是什么？
答案：结婚。

4.

为什么自由女神像老站在纽约港?

答案：她不能坐。

5.

世界上有什么东西以近2000公里/小时的速度载着人奔驰，而且不必加油或其他燃料?

答案：地球。

6.

什么人始终不敢洗澡?

答案：泥人。

7.

为什么大部分佛教徒都在北半球?

答案：南"无"阿弥陀佛。

8.

什么车子寸步难行?

答案：风车。

9.

小明从不念书却得了模范生,为什么?

答案:小明是聋哑学生。

10.

猩猩最讨厌什么线?

答案:平行线,因为平行线没有相交(香蕉)。

11.

布和纸怕什么?

答案:布怕一万,纸怕万一。(不怕一万,只怕万一)

12.

麒麟飞到北极会变成什么?

答案:冰淇淋(冰麒麟)。

13.

有一只狼来到了北极,不小心掉到冰海中,被捞起来时变成了什么?

答案:槟榔(冰狼)。

14.

四个人在屋子里打麻将,警察来了,却带走了5个人,为什么?

答案:因为他们打的人叫"麻将"。

15.

为什么飞机飞这么高都不会撞到星星呢?

答案:因为星星会"闪"。

风的孩子叫做水起,因为"风生水起"

1.
天的孩子叫什么?
答案:我才(天生我才)。

2.
风的孩子叫什么?
答案:水起(风生水起)。

3.
什么牌子的化妆品容易感冒?
答案:雅倩(ARCHE,音"阿嚏")。

4.

A和B可以相互转化，B在沸水中可以生成C，C在空气中氧化成D，D有臭鸡蛋气味，问A、B、C、D各是什么？

答案：A鸡，B鸡蛋，C熟鸡蛋，D臭鸡蛋。

5.

小白很像他哥哥，为什么？

答案：真相（像）大白。

6.

什么鱼最白痴？

答案：鲨（傻）鱼。

7.

什么鱼最聪明？

答案：鲸（精）鱼。

8.

小明的爷爷一边刷牙，一边唱歌，请问他是怎么做到的？

答案：刷的是假牙。

9.

为什么大雁秋天要飞到南方去？

答案：走着去太慢了。

10.

农夫养了10头牛，只有19只角，为什么？

答案：有一只犀牛。

11.

什么鸡没有翅膀？

答案：田鸡。

12.

打什么东西既不花力气又很舒服?

答案：打瞌睡。

13.

制造日期与有效日期是同一天的产品是什么?

答案：报纸。

14.

蜘蛛爱上了蝴蝶，蝴蝶却拒绝了它，为什么?

答案：蝴蝶说，整天在网上混的都不是好人。

15.

熊猫深爱着小鹿，表达爱意时却遭到了拒绝，为什么?

答案：小鹿的妈妈说戴墨镜的都是不良少年。

16.

为什么蚕宝宝很有钱?

答案: 因为它会结茧(节俭)。

17.

为什么小白兔不嫁给斑马呢?

答案: 因为兔妈妈说纹身的不是好孩子。

18.

为什么金鱼看上去老是傻乎乎的?

答案: 因为金鱼脑袋里灌水了。

19.

什么光会给人带来痛苦?

答案: 耳光。

20.

什么动物最爱贴在墙上?

答案：海豹(报)。

21.

狐狸为什么会经常摔跤?

答案：因为狐狸很狡猾(脚滑)。

22.

你在什么时候喜欢喝汽水?

答案：在孤单的时候，因为"当你孤单你会想起谁（汽水）"。

23.

什么样的人不能在加油站工作?

答案：油腔滑调（油枪滑掉)的人。

24.

什么老鼠用两只脚走路?

答案:米老鼠。

什么鸭子用两只脚走路?

答案:所有的鸭子都用两只脚走路(是不是想说只有唐老鸭?)。

脑筋不会转弯的是神马

梨子是温度最高的水果，因为"离子烫"

1.

小明和小华到海边比赛说笑话，说完笑话后，他们就消失了，为什么？

答案：因为海啸（笑）了。

2.

为什么汉子不出门？

答案：因为一出门就变门外汉了。

3.

为什么冰山只有一角？

答案：因为另一角被泰坦尼克号撞断了。

4.

为什么梨子是温度最高的水果？

答案：因为"梨子(离子)烫"。

5.

一根手指头的英文叫做ONE，两根手指头的英文叫做TWO，以此类推，四根手指头的英文叫做FOUR，那么弯起来的四根手指头的英文叫什么？

答案：WONDERFUL（弯的FOUR）。

6.

屈原的老婆姓什么？

答案：姓陈，因为屈陈（臣）氏。

7.

古人为什么要卧冰求鲤？

答案：冰冰有鲤（彬彬有礼）。

8.

为什么把刀涂成蓝色的枪就会很忧郁？

答案：刀枪不入（BLUE）。

9.

为什么老师从小就叮咛我们要珍惜四支箭？

答案：光阴似箭（四箭）。

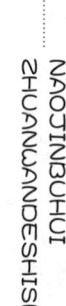

10.

为什么冷笑话一次要讲三遍？

答案：三思而后行。

11.

骑马的蒙古人是怎么走路的？

答案：走马步。

12.

坐什么椅子最享受？

答案：ENJOY。

13.

小明的祖母坐了一天的车去学校看望他，为什么小明的班主任一见她就气得差点晕倒？

答案：小明前几天刚请了假，理由是祖母病逝。

14.

世界上什么人一下子变老？

答案：新娘。因为今天是新娘，明天是老婆。

15.

9月28日是孔子诞辰，那么10月28日是什么日子？

答案：孔子满月。

16.
一辆客车发生了事故,所有的人都受伤了,为什么小明却没事?

答案:因为他不在车上。

17.
有个地方能进不能出,请问这是什么地方?

答案:坟墓。

18.
上课铃声响了,却没有一个同学在教室里,怎么回事?

答案:上的是体育课。

19.
玲玲没学过算术,老师却夸她的数学是数一数二的,为什么?

答案:从一数到二。

20.
什么袋人人都有,但是却没有几个人愿意借给别人?

答案:脑袋。

21.
有人说吃鱼可避免患近视眼,为什么?

答案:你见过猫戴眼镜吗?

22.

什么东西嘴里没有舌头？

答案：茶壶。

23.

什么样的官不能发号施令，还得老向别人赔笑？

答案：新郎官。

24.

一名警察见了小偷拔腿就跑，为什么？

答案：想快点抓住小偷。

25.

小明天天吃口香糖，可别人还说他口臭，为什么？

答案：他天天说脏话。

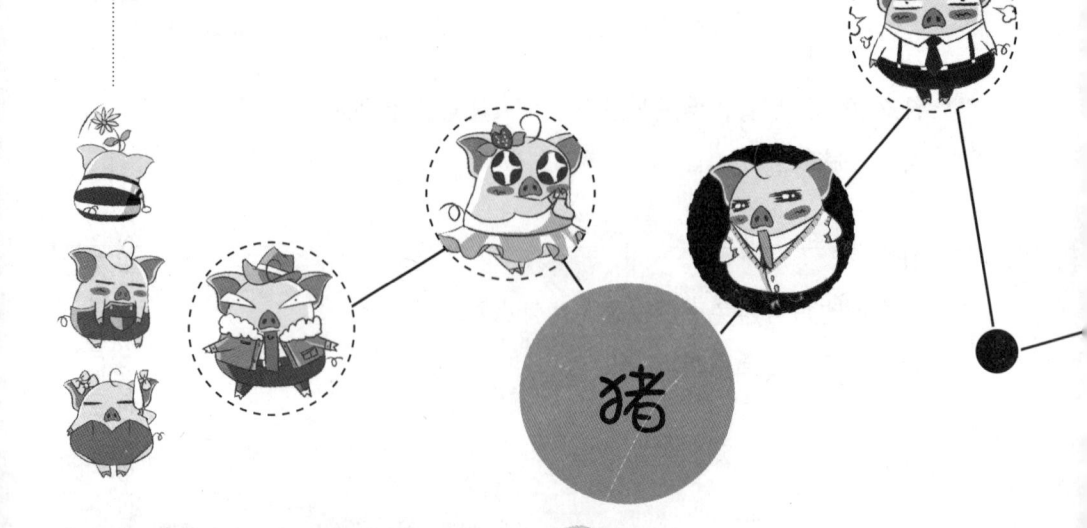

脑筋不会转弯的是神马

猪

26.

青蛙为什么能比树跳得高?

答案:因为树不会跳。

27.

"你跟猪站在一起",猜一种动物。

答案:象(像)。

28.

什么花不能摸?

答案:火花。

29.

用什么可以解开所有的谜?

答案:答案。

30.

什么时候,时代广场的大钟会响13下?

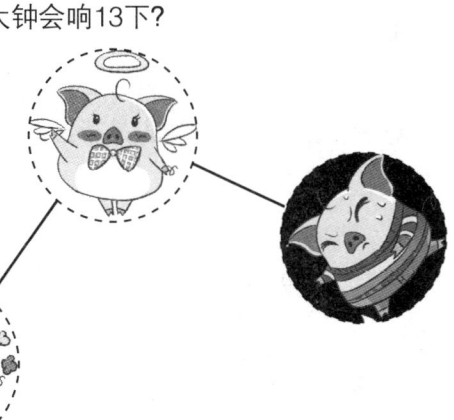

答案:该修理的时候。

公主不用挂蚊帐是因为嫁给了青蛙王子

1.

在古时候,什么人没当爸爸就先当公公了?

答案:太监。

2.

为什么大家都喜欢坐着看电影?

答案:因为站着看脚会酸。

3.

龟兔赛跑,请猪来当裁判,请问龟兔谁会赢?

答案:不能说!说的人是猪!

4.

一种我们即使明明知道言不由衷也仍会愉快地接受的东西是什么?

答案:赞扬。

5.

有一对夫妇天天都吵架，为什么6月份只吵了20天？

答案：因为他们6月10日才结婚。

6.

喜欢唱歌剧，又极端害怕别人鼓掌的是谁？

答案：蚊子。

7.

为什么公主结婚了就不用挂蚊帐了？

答案：因为有青蛙王子。

8.

咖啡杯和玻璃杯一起过马路，有人说了句："车子来了！"为什么玻璃杯被撞死了，咖啡杯却没有？

答案：因为玻璃杯没耳朵，而咖啡杯有！

9.

一年之中什么时候元宵最贵？

答案：春季。因为春宵一刻(颗)值千金！

10.

动物园里什么动物最吃得开？

答案：斑马！因为黑白两道它身上都有。

11.

当你超过第二名时，你是第几名?

答案：还是第二名。

12.

有一个青鬼和一个红鬼，青鬼用一颗子弹就能射死，而红鬼要用两颗，问如何用两颗子弹射死青鬼和红鬼?

答案：先用一颗子弹射死青鬼，等红鬼吓得发青，再用一颗子弹即可。

13.

中国哪个城市一直没有讯号?

答案：宁波！因为您拨(宁波)的电话暂时无法接通。

14.

萝卜喝醉了会变成什么?

答案：红萝卜。

15.

有一只蟑螂走过一条臭水渠，当它返回来后只有四只脚的脚印，为什么?（要知道，蟑螂是有六只脚的）

答案：因为蟑螂用两只手捂着鼻子。

16.

什么人最喜欢晒太阳?

答案：植物人。

17.

钟表店里有两只表，一只表一天有两次时间准确，另一只表每小时都不准确，但为什么人们只买后者?

答案：因为前者是不动的。

18.

有一个车手每次比赛都不能拿冠军，但这次比赛他拿了冠军，记者问他为什么时他会怎样回答?

答案：刹车制动坏了。

19.

青蟹和红蟹赛跑,为什么青蟹跑第一?

答案:青蟹是活的,红蟹是死的(因为青蟹熟了就成红蟹了)。

20.

在一个露天的音乐会上,歌手唱得很差,但仍然不断有人鼓掌,这是为什么?

答案:人们在拍蚊子。

21.

树上有三只鸟,一位猎人一枪打死了一只,剩下的两只做什么?

答案:做目击证人。

22.

在一只盲了眼的山羊左边放一块牛肉,右边放一块鱼肉,山羊会吃哪一块?

答案:山羊不吃肉。

23.

什么时候是摘苹果的最好时机?

答案:无人看守时。

24.

两只小猴为平分5颗糖果而犯愁，这时候来了只聪明的狐狸，你猜它会怎么分？

答案：每只小猴分2颗，剩下的1颗归狐狸。

25.

有5个人并排站在一个招牌下，忽然间这个招牌掉了下来，把3个人压死，其余2个没事，为什么？

答案：招牌是M记的招牌。

26.

有一个病人去看病，医生对他说每天只能喝2杯酒，但他今天喝了6杯酒，为什么？

答案：他看了3次医生。

27.

杯是用玻璃做的，为什么用"木"字旁？

答案：不是"木"（不是木做）。

28.

有一个人在沙滩上散步，当他转头看身后时，却看不见自己的脚印，为什么？

答案：他在倒着走。

29.

一只小蜈蚣回到家向它的父亲讲了一句话，它父亲就被吓晕了，它说了什么？

答案：我买了鞋子。

30.

一辆载满货物的大卡车下一个斜坡，它应该放下什么比较安全？

答案：速度。

关羽死得早是因为"红颜薄命"

包公和白雪公主生的婴儿的牙是什么颜色?

答案:没有颜色,因为还没有牙。

小毛虫在家请小蜈蚣和小蟑螂吃饭,当小毛虫煮菜时没有盐,小蜈蚣就自告奋勇地去买,但过了很久还不见小蜈蚣回来,为什么?

答案:它还在门口穿鞋子。

刘备、关羽、张飞桃园结义时说:"不能同年同月同日生,但愿同年同月同日死。"可他们为什么没有履行诺言呢?

答案:因为当时他们没有签协议。

鸡每天下一个蛋，农夫就在蛋上写上日期，一个月后他还是不知道每个蛋是什么时候生的，为什么？

答案：他在每个蛋上都写的是"今天×点"。

用什么拖地最干净？

答案：用"力"拖。

小王开了一间叫"友朋小吃"的小吃店，但小孩子都不会去他的店，为什么？

答案：从右往左看就变为"吃小朋友"。

为什么关羽比张飞死得早？

答案：红颜薄命。

什么牛不会吃草？

答案：蜗牛。

老李刚理完发，便要求理发师将他的头发"中分"，理发师却

说做不到，为什么?

答案：理发师给老李理了光头。

"好马不吃回头草"最合乎逻辑的解释是什么?

答案：后面的草都给吃光了。

有什么办法能使眉毛长在眼的下面?

答案：倒立。

什么地方看到的月亮最大?

答案：在月球上。

新买的袜子怎么会有一个洞?

答案：袜口。

最不听话的人是谁?

答案：聋子。

什么书谁也没见过?

答案：天书。

什么样的强者千万别当?

答案：强盗。

小刚数学成绩很好，可为什么昨晚他做了一个晚上的作业，却一道题也没做出来?

答案：他做的不是数学题。

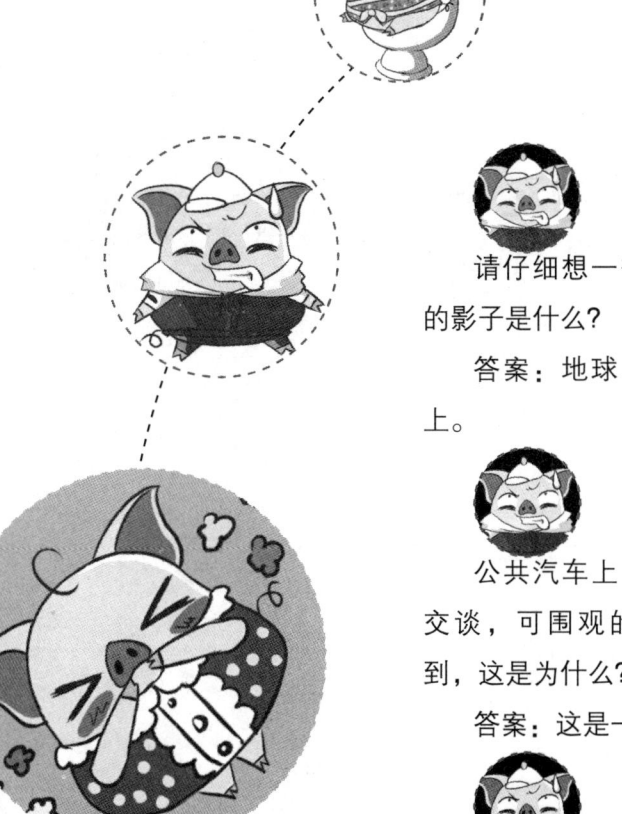

请仔细想一想，你所见到的最大的影子是什么？

答案：地球的影子，即每天的晚上。

公共汽车上，两个人正在热烈地交谈，可围观的人却一句话也听不到，这是为什么？

答案：这是一对聋哑人。

什么样的桶永远装不满？

答案：马桶。

芭蕾舞演员的工作就是忙着"团团转"

脑筋不会转弯的是神马

1.

在船上见得最多的是什么?

答案:水。

2.

什么数字让女士又爱又恨?

答案:三八。

3.

世界上除了火车啥车最长?

答案:塞车。

4.

什么东西请人吃没有人吃,自己吃又咽不下?

答案:亏。

5.

打狗要看主人，那打老虎要看什么?

答案：看你有没有"种"。

6.

小王用捕鼠笼在家抓老鼠，第二天一早发现笼子里抓了一只活老鼠，而笼子外面却有两只四脚朝天的死老鼠，为什么?

答案：那两只看见同伴竟然笨得上当被捕，活活笑死了。

7.

开什么车最省油?

答案：开夜车。（晚上熬夜复习叫做开夜车。）

8.

为什么女人穿高跟鞋后，就代表她想要结婚了?

答案：因为被人追时穿高跟鞋跑得慢。

9.

阿研的口袋里共有10个硬币，漏掉了10个硬币，口袋里还有什么?

答案：一个破洞。

10.

一个人在什么情况下，才处于真正的任人宰割的地步?

答案：在手术台上时。

11.

小赵买彩票中了一等奖，去领奖却不给，这是为什么？

答案：因为还没到规定的领奖日期。

12.

有一样东西，你只能用左手拿它，右手却拿不到，这是什么东西？

答案：你的右手。

13.

跳伞时，怎样才能分出老兵和新兵？

答案：新兵的屁股上有鞋印。

14.

什么鞋子，你绝不会穿着它去逛街？

答案：溜冰鞋。

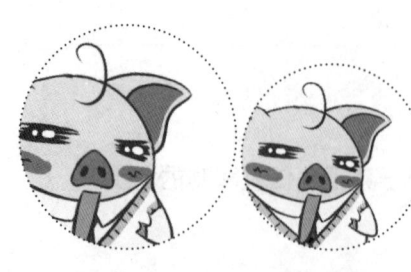

15.

哪一种导弹可以用每小时30公里的超低速，并在贴近地表两米左右的高度直扑目标而去，中途还可以90度急转弯？

答案：装载在车上的导弹。

16.

什么东西晚上才生出尾巴？

答案：流星。

17.

有一座独木桥承重80公斤，请问一个体重70公斤并带着两个重量均为10公斤的铁球的人如何从桥上通过？

答案：颠着球通过。

18.

波波不小心吞下了一元钱，波爸把他倒过来拍，却吐出十元，这时波爸该怎么办呢？

答案：继续喂他一元。

19.

什么布切不断？

答案：瀑布。

20.

一只蚂蚁居然从四川爬到了东京，可能吗？

答案：可能，在地图上爬的。

21.

为什么小明能一只手让车子停下来？

答案：车子是出租车。

22.

什么人的工作整天忙得团团转？

答案：芭蕾舞演员。

胖妞最怕别人对她说"保重"

1.

什么东西人们在不停地吃它，却永远吃不饱。

答案：空气。

2.

每个人睡觉前，一定不会忘记的事是什么？

答案：闭上眼睛。

3.

有一位老大爷，住12楼，可为什么他从不乘电梯？

答案：因为他住在一楼（12楼是楼号）。

4.

哪一种动物你打了它却流了自己的血？

答案：蚊子。

5.

什么东西能加不能减?

答案:年龄。

6.

小洋的功课一直在班上是第一,为什么这次却降到了第三?

答案:因为两个人的分数超过他。

7.

什么样的山和海可以移动?

答案:人山人海。

8.

明眼人不看的书是什么书?

答案:盲书。

9.

为什么说参加珠算比赛的人都是很自私的人?

答案:因为他们都在打自己的算盘。

10.

情人卡、生日卡、大大小小的卡,到底要寄什么卡给女人,最能博得她的欢心呢?

答案:信用卡。

11.

小王走路从来脚不沾地，这是为什么？

答案：因为他穿着鞋子。

12.

我不会轻功，却能一只脚搭在鸡蛋上，鸡蛋也不会破，这是为什么？

答案：因为另外一只脚站在地上。

13.

什么时候开口说话要付钱？

答案：打电话时。

14.

冬冬的爸爸牙齿非常好，可是他经常去口腔医院，为什么？

答案：因为他是牙科医生。

15.

什么门永远关不上？

答案：球门。

16.

胖妞生病了，最怕别人来探病时说什么？

答案：多多保重。

17.

阿明被蚊子咬了一大一小两个包,请问较大的包,是公蚊子咬的,还是母蚊子咬的?

答案:母蚊子,公蚊子是不咬人的。

18.

一个警察有个弟弟,但弟弟却否认有个哥哥,为什么?

答案:因为那个警察是女的。

比乌鸦更讨厌的是乌鸦嘴

有一个人,他是你父母生的,但他却不是你的兄弟姐妹,他是谁?

答案:你自己。

什么东西天气越热,爬得越高?

答案:温度计。

比乌鸦更讨厌的是什么?

答案:是乌鸦嘴。

哪一颗牙最后长出来?

答案:假牙。

小红与妈妈都在同一个班里上课，这是为什么？

答案：一个是学生，一个是老师。

为什么游泳比赛中青蛙输给了狗？

答案：这是自由泳比赛，青蛙用蛙泳犯规。

小明总是喜欢把家里的闹钟整坏，妈妈为什么总是让不会修理钟表的爸爸代为修理？

答案：爸爸用来修理小明。

肚皮漂在水上的除了死鱼还会是什么鱼？

答案：仰泳的鱼。

要想使梦成为现实，我们干的第一件事会是什么？

答案：醒来。

用什么方法可以解决经常洗头发的烦恼？

答案：用脱毛霜。

一向准时的老处女在上班途中，发现被一名男子跟踪，心中暗惊，而当她赶到办公室时，竟意外地迟到了，为什么？

答案：因为那个跟踪者走得太慢。

别人跟阿丹说她的衣服没系扣，她却不在乎，为什么？

答案：因为她的衣服只有拉链没有扣子。

小刘是个很普通的人，为什么竟然能一连十几个小时不眨眼？

答案：睡觉的时候。

小王是一名优秀士兵，一天他在站岗值勤时，明明看到有敌人悄悄向他摸过来，为什么他却睁一只眼闭一只眼？

答案：他正在瞄准。

有种动物，大小像只猫，长相又像虎，这是什么动物？

答案：小老虎。

世上什么东西比天更高?

答案:心比天高。

什么贵重的东西最容易不翼而飞?

答案:人造卫星。

三个金叫"鑫",三个水叫"淼",三个人叫"众",那么三个鬼应该叫什么?

答案:叫"救命"。

睡美人最怕的是什么?

答案:失眠。

小明对小华说:"我可以坐在一个你永远也坐不到的地方!"他坐在哪里?

答案:小华的身上。

狗不生虱子是因为它只会生小狗

1.

有一个人一年才上一天班又不怕被解雇,他是谁?

答案:圣诞老人。

2.

哪项比赛是往后跑的?

答案:拔河。

3.

你的爸爸的妹妹的堂弟的表哥的爸爸与你叔叔的儿子的嫂子是什么关系?

答案:亲戚关系。

4.

牙医靠什么吃饭?

答案:嘴巴。

5.

一个不会游泳的人掉进了水里却没有被淹死,为什么?

答案:他穿着救生衣。

6.

细菌靠生物而活,那什么靠细菌活?

答案:医生。

7.

友情和爱情怎样区分?

答案:友情出现在白天,爱情出现在晚上。

8.

一只狗总也不洗澡,为什么不生虱子?

答案:狗只会生小狗。

9.

什么样的井让人害怕?

答案:陷阱。

10.

什么东西满屋走,但碰不着物件?

答案:声音。

11.

三人共撑一把小伞在街上走,却都没有被淋湿,为什么?

答案:因为没有下雨,他们打的是遮阳伞。

12.

什么东西裂开之后,用精密的仪器也找不到裂纹?

答案:感情。

13.

小张的肚子明明已经胀得受不了了,为什么他还要不停地猛喝水?

答案:他掉到河里去了。

14.

闭着眼睛也看得见的是什么?

答案:梦。

15.

一辆出租车在公路上正常行驶,没有违反任何交通规则却被一个警察给拦住了,这是为什么?

答案:警察打车。

16.

化妆品可以使女人的脸变得美丽，可是会使哪些人的脸变得非常难看？

答案：付钱的男人。

17.

什么人是不用电的？

答案：缅甸人（免电人）。

18.

什么东西明明是你的，别人却用得比你多得多？

答案：你的名字。

19.

爷爷熟读兵书，可是每次下棋都输给别人，请问他用的是什么兵法？

答案：兵来将挡。

20.

什么库不能用来码放商品呢？

答案：数据库。

21.

小明正在吹电扇，为什么还是满头大汗？

答案：他在吹电扇，电扇没有吹他。

22.

为什么熊冬眠时会睡这么久?

答案：因为没人敢叫它起床。

23.

兰兰经过某市时，正巧那里发生了大地震，为什么兰兰却安然无恙呢?

答案：她坐飞机路过。

24.

一个学生住在学校里，为什么上学还经常迟到?

答案：他住的学校，不是他上学的学校。

25.

什么花飘着开，什么花走着开，什么花空中开?

答案：雪花、浪花、礼花。

26.

哪一种竹子不长在土里?

答案：爆竹。

27.

今天下午去看电影,到了电影院,却半个人也看不见,为什么?

答案:因为人不会有半个。

28.

有一个人只有三根头发,为什么在参加宴会时还要拔掉一根?

答案:因为他想中分。

29.

中国人最早的姓氏是什么?

答案:善。因为"人之初,'姓'(性)本善"。

30.

为什么一群狼中有一只羊?

答案:"群"字中有一个"羊"字。

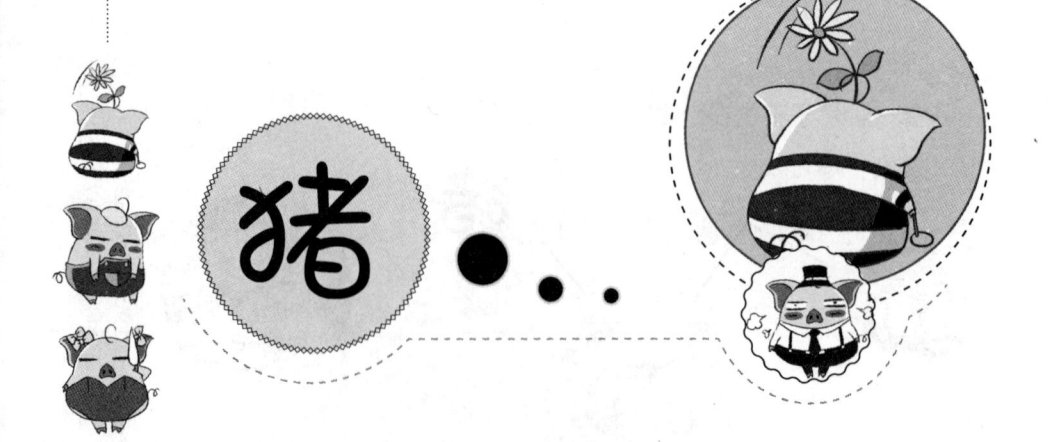

因为男人叫"先生"，所以这个世界是先有男人的

1.

什么样的情况下，一加一绝对不等于二？

答案：一大杯水加进一斤面粉中，只会等于一块面团。

2.

怎样才能日行三万里？

答案：站在赤道上不动。

3.

什么话可以世界通用？

答案：电话。

4.

家有家规，国有国规，那动物园里有啥规？

答案：乌龟。

5.

什么官不仅不领工资，还要自掏腰包？

答案：新郎官。

6.

一天，Nokia约了iPhone一起去逛街，回来之后变成了Noka和Phone。Motorola见状大惊："你们的"i"呢？"Noka和Phone小声说："我们听街上……"请问Nokia和iPhone在街上发生了什么呢？

答案：Nokia和iPhone在街上听到有人在唱"只要人人都献出一点'i'……"

7.

哪个连的人员比一般连队的人员要多得多?

答案:大连。

8.

爱吃零食的小王体重最重时有50公斤,但最轻时只有3公斤,为什么?

答案:他刚出生时的体重。

9.

为什么彤彤与壮壮第一次见面就一口咬定壮壮是喝羊奶长大的?

答案:因为壮壮是一只羊。

10.

小明发现房间遭窃,却一点也不紧张,为什么?

答案:那是别人的房间。

11.

既没有生孩子，也没有认领养子养女就先当上了娘，请问这是什么人？

答案：新娘。

12.

两个棋友一天共下了9盘棋，在没有和局的情况下他俩赢的次数相同，怎么回事？

答案：9盘不全是他们两个人一起下的。

13.

整天把手放在水里的人是什么人？

答案：水手。

14.

某个人到外国去了,可是,周围全是中国人,这是怎么回事?

答案:这个人来到了中国,他是外国人。

15.

老刘一个人睡觉,醒来时为什么屁股上竟出现深深的牙印?

答案:睡在自己的假牙上了。

16.

为什么买一头牛只要一万元,而买三头牛却要五万元?

答案:三个头的牛当然比一个头的牛贵。

17.

最坚固的锁怕什么?

答案:钥匙。

18.

先有男人，还是先有女人？

答案：先有男人，因为男人是先生。

19.

报纸上登的消息不一定百分之百是真的，但什么消息绝对假不了？

答案：报纸上的年，月，日。

20.

妻子："糟糕，亲爱的，你送给我的钻石戒指，落到红茶里去了……"

结果，戒指又平安回到妻子的手上，而且一点也没有弄湿的痕迹。这难道是奇迹吗？

答案：因为是戒指掉到红茶的茶叶罐中了。

21.

纸上写着一份命令。但是,看懂此文字的人,却绝对不能宣读命令。那么,纸上写的是什么呢?

答案:纸上写着"不要念出此文"。

22.

船边挂着软梯,离海面2米,海水每小时上涨半米,几个小时海水能淹没软梯?

答案:水涨船高,所以永远不会淹没软梯。

23.

小明的小猫从来不捉老鼠,这是为什么?

答案:因为这是玩具猫。

24.

什么桥下没有水?

答案：立交桥。

25.

小华在家里，和谁长得最像?

答案：和镜中的小华长得最像。

26.

有一种药，你想吃上药店却买不到，这是什么药?

答案：后悔药。

27.

一群女孩正在河边洗澡，突然一陌生男人闯入，你觉得她们最想遮住哪儿?

答案：男人的眼睛。

28.

毛毛从20楼跳下去,为什么没有事?

答案:往里跳。

29.

牛的舌头和尾巴在什么时候遇在一起?

答案:餐厅里。

30.

华先生有个本领,那就是能让见到他的人,都会自动手心朝上。这是怎么回事?

答案:因为他是个中医。

盲人吃橘子就是要瞎掰啊

1.

医生给了你三颗药丸，要你每半个小时吃一颗，请问吃完需要多长时间？

答案：一个小时。

2.

一间牢房中关押着两名犯人，其中一个因偷窃要关一年，另一个是抢劫杀人犯，却只关两周，为什么？

答案：关两周后枪决。

3.

任何人必须去的地方是哪里？

答案：厕所。

4.

什么东西你有，别人也有，虽然是身外之物，却不能交换？

答案：姓名。

5.

什么东西咬牙切齿？

答案：拉链。

6.

什么伤医院不能治？

答案：伤脑筋。

7.

一个圆画在哪里永远走不出去？

答案：腰上。

8.

太阳爸爸和太阳妈妈生了个太阳儿子，我们应该说什么祝贺词恭喜他们？

答案：生"日"快乐！

9.

在冰天雪地的北极找不到防身的武器，该怎么办？

答案：撒泡尿制成冰剑。

10.

盲人都是怎么吃橘子的？

答案：瞎掰。

11.

好心的约翰去世了，天使要带他上天堂，为什么他坚决不肯去？

答案：他有恐高症。

12.

三兄弟中，虽然我跑得最慢，但如果没有我，他们俩也不知道跑了多少圈。猜猜看，我是什么？

答案：时针。

13.

什么果不能吃？

答案：后果。

14.

什么人不能吃饭，但是可以说，笑，玩游戏？

答案：木偶。

15.

偷什么不犯法？

答案：忙里偷闲。

因为男女有"别",所以会分手

1.

什么蛋又能走又能跳还会说话?

答案:笨蛋。

2.

问别人什么问题时,别人老是回答"没有"?

答案:你睡了没有?

3.

一个人背一个包,刚一出门,就摔死了,为什么?

答案:因为他在飞机上。

4.

买来煮了它,煮好丢了它,这东西是什么?

答案:药草。

5.

什么东西力气再大的人也扛不起？

答案：罪名。

6.

飞机撞在树上怎么会坏了？

答案：是纸飞机。

7.

什么票最危险？

答案：绑票。

8.

服装仪容检查时，明明有理头发，为什么教官不信？

答案：秀才遇到兵，"有理"说不清。

9.

考试时，小光全部都抄小明的，为什么小明得到一百分，小光却是零分呢？

答案：因为小光连名字都抄小明的。

10.

牛顿因苹果掉落发现引力，如果你在椰树下等被椰子打中会发现什么？

答案：会发现这种行为很愚蠢。

11.

为什么男人和女人会分手？

答案：因为男女有"别"。

12.

考试时，阿财一题都不会写，但是为什么突然眼睛一亮，开始奋笔疾书？

答案：他在写班级、座号、姓名。

13.

有一个地方专门教坏人，但没有一个警察敢对它采取行动加以扫荡，这是什么地方？

答案：看守所。

14.

小偷从现场逃走，为什么没有留下脚印？

答案：倒立着走的。

15.

13个人捉迷藏,捉了10个还剩几个?

答案:两个。

16.

有一种东西,上升的同时会下降,下降的同时会上升,这是什么?

答案:跷跷板。

猪立在叶子上就叫做"朱丽叶"

什么球离你最近？

答案：地球。

警察看见有人抢银行却不抓，为什么？

答案：因为抢银行的人是在拍电影。

世界上什么最大？

答案：眼皮。

一个猎人有一杆猎枪却只能打一米远。一只兔子离他一百米，为什么被他一枪打死了？

答案：他的枪长99米。

什么酒价格最贵?

答案:喜酒。

什么碗打不烂?

答案:铁饭碗。

你站在树叶上,猜一电影中人名?

答案:朱丽叶(猪立叶)。

什么鬼大家都喜欢?

答案:淘气鬼。

什么东西吃了会害怕?

答案:吃惊。

什么掌不能拍?

答案:仙人掌。

脑筋不会转弯的是神马

什么水不能喝？

答案：薪水。

什么情况下人会有四只眼睛？

答案：两个人的时候。

象棋与围棋的区别是什么？

答案：前者越下越少，而后者越下越多。

为什么一个人一天吃9头牛？

答案：吃的是蜗牛。

什么东西要藏起来暗地里用，用完之后再暗地里交给别人？

答案：底片。

上化学课时，将氯化钡、硫酸铜、碳酸钙三样化学物质混合在一起，结果会怎么样？

答案：你一定会被老师修理。

医书是毛病最多的书

脑筋不会转弯的是神马

1.

什么鱼不能吃?

答案:木鱼。

2.

什么池不能洗澡?

答案:电池。

3.

为什么停电了还能看电视?

答案:看不了电视节目,但可以看着电视机。

4.

什么样的书是吊人胃口的?

答案:菜谱。

5.

一个婚姻破碎的男人，桌上放着一把刀，请问他想干什么？

答案：准备学着做饭。

6.

一个男人到医院去检查，医生告诉他说：你怀孕了。这是为什么？

答案：心怀鬼胎。

7.

什么书中毛病最多？

答案：医书。

8.

一个公鸡在尖尖的房子上下了一个蛋，它会往哪边掉呢？

答案：公鸡是不会生蛋的。

9.

什么照片看不出照的是谁？

答案：x光片。

10.

小呆骑在大牛身上，为什么大牛不吃草？

答案：大牛是人。

11.

北京王府井步行街上来往最多的是什么人?

答案:行人。

12.

先有鸡还是先有蛋?

答案:先有蛋,因为在新华字典里面蛋在鸡的前面。

13.

什么水不能喝?

答案:王水。

14.

王先生养了一只很漂亮的孔雀,有一天,王先生的孔雀在张先生的花园里下了一只蛋,请问这只蛋应属于谁?

答案:孔雀。

15.

你不是聋子,为什么我说话你听不到?

答案:你我不在同一个地方。

吃甘蔗是最吞吞吐吐的一件事儿

1.

王太太委托侦探24小时日夜跟踪、监视王先生，以防他出轨，但是为什么最后王先生还是出轨了？

答案：因为王先生搭乘的地铁出轨了。

2.

进浴室洗澡时，要先脱衣服还是脱裤子？

答案：先关门比较好。

3.

遇到什么事情时最好高抬贵手？

答案：别人用枪指着你的时候。

4.

为什么阿郎穿着全新没破洞的雨衣，却依然弄得全身湿透？

答案：因为他在炎热的太阳底下穿着雨衣。

5.

小明骑在爸爸的身上装灯泡，为什么要让爸爸原地打转呢？

答案：是螺口灯泡，需要旋转才能安装好。

6.

你在学校学到的知识越多，什么就会越少？

答案：不知道的东西。

7.

大家都不想得到的是什么？

答案：得病。

8.

一个人掉到河里，他从河里爬上来，头发却没湿，为什么？

答案：因为他是光头。

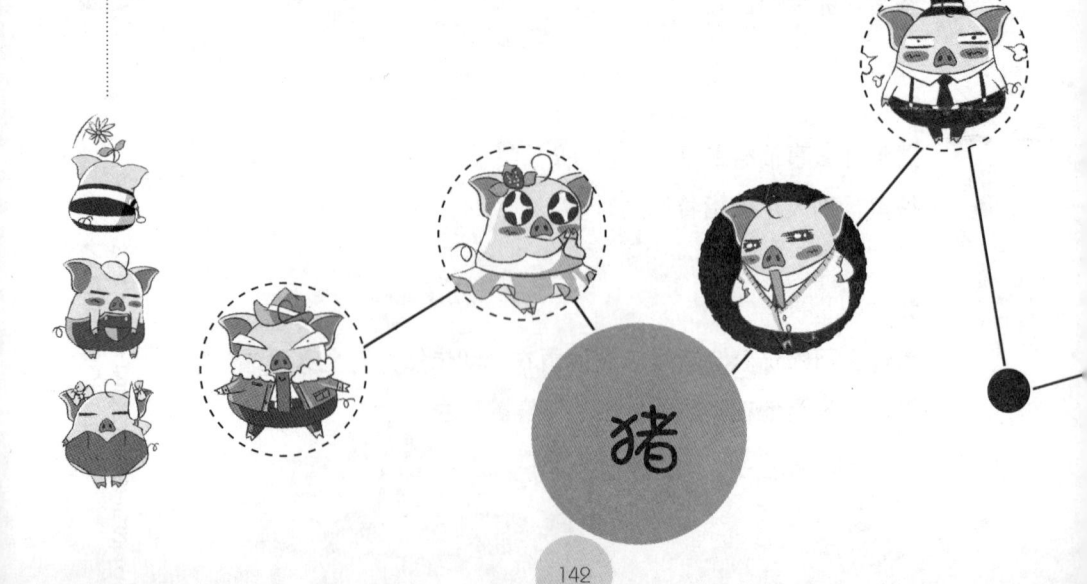

9.

金太太一向心直口快，可什么事竟让她突然变得吞吞吐吐了呢？

答案：金太太在吃甘蔗的时候吞吞吐吐。

10.

如果你有一只下金蛋的母鸡，你该怎么办？

答案：打自己一嘴巴，不要做梦了！

11.

书店买不到的书是什么书？

答案：秘书。

12.

什么东西在用之前是干的，用完了以后是湿的，而且在使用的过程中还给人以沁人心脾的满足感？

答案：茶袋。

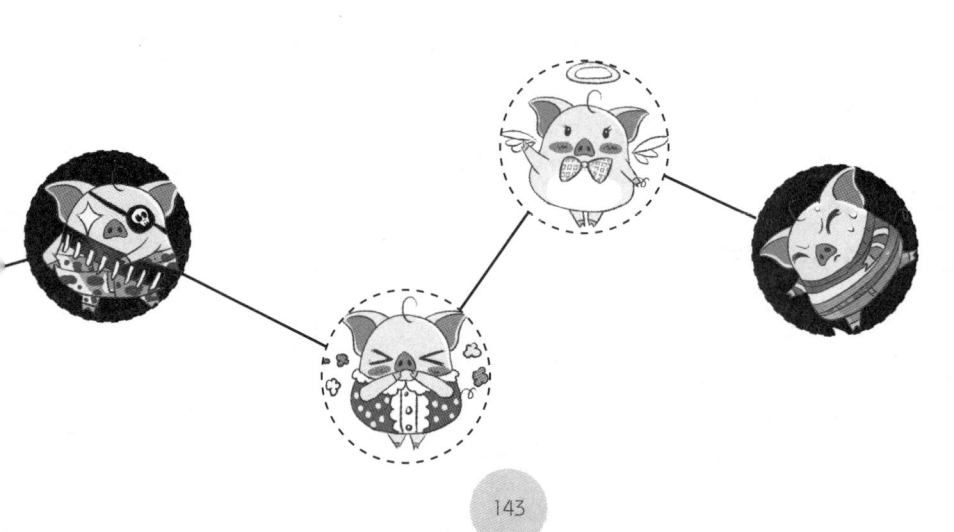

13.

阿呆从热气球上掉下来，却没有受伤，为什么？

答案：因为热气球就在地面上。

14.

哪种比赛，赢的得不到奖品，输的却有奖品？

答案：划拳喝酒。

15.

人类为什么要直立行走呢？

答案：为了节省一双鞋子。

16.

在一次考试中，一对同桌交了一模一样的考卷，但老师认为他们肯定没有作弊，这是为什么？

答案：他们都交白卷。

17.

富翁临死前担心孩子们坐吃山空，留下四个字的遗嘱，是什么呢？

答案：站着吃饭。

18.

什么样的轮子只转不走？

答案：风车的轮子。

19.

油漆工的徒弟叫啥?

答案：好色之徒。

20.

每对夫妻在生活中都有一个绝对的共同点，那是什么?

答案：那就是同年同月同日结婚。

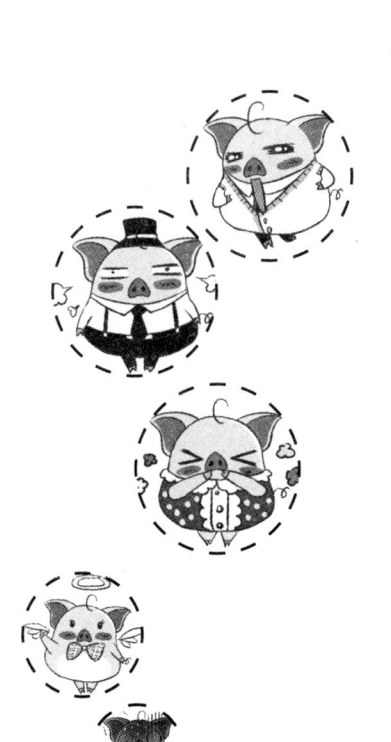

"抢救无效"才是最大杀手

脑筋不会转弯的是神马

1.

什么东西越热越爱出来?

答案:汗。

2.

什么东西越洗越脏,不洗有人吃,洗了没人吃?

答案:水。

3.

由于什么原因死亡的人最多?

答案:抢救无效。

4.

有一个眼睛瞎了的人,走到山崖边上,突然停住了,然后往回走。这是为什么?

答案:单眼瞎。

5.

为什么先看见闪电后听到雷声?

答案:眼睛在前,耳朵在后。

6.

如果诸葛亮活着,世界现在会有什么不同?

答案:会多一个人。

7.

一个逃犯闯进化妆师家,逼她为自己化妆。化妆师给他改变得很成功,连逃犯自己都不认识自己了,但一上街他就被警察抓住了,而化妆师并没有报警。这是为什么呢?

答案:化妆师是按照另一个罪犯的样子为他化妆的。

8.

为什么流氓坐车不要钱?

答案:他坐的是囚车。

9.

印度人为什么用手抓饭吃?

答案:因为手比脚干净。

10.

现代人为什么越来越喜欢掏耳朵?

答案：因为现在说废话的人越来越多了。

11.

妇女们在不知不觉中丢失掉的东西是什么?

答案：美貌。

12.

杰克本应把游艇开到红海去，却到了黑海，为什么?

答案：他是色盲。

13.

小明是出了名的仿冒名牌大王，可为什么他既能逍遥法外还能名利双收呢?

答案：他擅长的是模仿秀，经常模仿明星。

14.

给你一本杂志和一个火柴盒，你能使杂志只有三分之一放在桌边而不掉落下来吗?

答案：把杂志在页数的三分一处掀开，让三分之一的页数搭在桌面，卡放在边沿上就可以。

15.

今天午夜下雨了,小波说再过72小时准能出太阳,他的预测灵吗?

答案:不灵。因为那会儿还是晚上,不出太阳。

16.

当你向别人夸耀你的长处的同时,别人还会知道你的什么?

答案:你不是哑巴。

17.

一只凶猛的饿猫看到老鼠,却为何拔腿就跑?

答案:去追老鼠。

18.

有两个人决定进行自行车比赛,看谁的自行车跑得快,比赛在一个平坦宽敞的体育场里进行,但当比赛开始后,他们两个却谁也不愿意领先,反而都在慢悠悠地骑,已知他们两人都不会互相谦让,也没有外来因素干扰,总之,一切都很正常,这究竟是为什么呢?

答案:他们交换了自行车。

19.

小明只会花钱,天天花很多钱,可最后却成了百万富翁,为什么?

答案:小明以前是亿万富翁。

20.

什么样的路人不能走？

答案：电路。

21.

气球内有空气，那游泳圈内有什么？

答案：人。

22.

有一位刻字先生，他挂出来的价格表是这样写的：刻"隶书"4角；刻"仿宋体"6角；刻"你的名章"8角；刻"你爱人的名章"1.2元。那么他刻字的单价是多少？

答案：每个字两角。

23.

当徐先生在太太面前掏口袋的一刹那，一些口袋内的酒吧火柴盒、未中奖的彩票以及旧情人的照片等，均散落一地。他在慌张之余，为了避免吵架，双手各遮起一件东西。请问，他所遮起最有效的东西是什么？

答案：她太太的左眼和右眼。

24.

有辆载满货物的货车，一人在前面推，一人在后面拉，货车还可能向前进吗？

答案：可能，货车在下坡路上。

25.

芳龄二十四，自认窈窕美丽的丁小姐，逐渐厌烦了游戏人间的爱情，于是便于夏天下定决心要和第一个向她求婚的人，踏入婚姻殿堂。但是，当我于秋天再度碰到丁小姐时，她虽然表示："有人要我结婚，已高达四十二次了！"但是她却丝毫没有结婚的打算。这并非是由于丁小姐改变初衷，那又是怎么回事呢？

答案：因为要她结婚的是她父母。

黑皮肤的优点是——不怕晒黑！

住在山谷中的志明，突然想吃泡面，便支起小锅来烧水。水快开了才发现家里的泡面已经吃完了，急忙到山脚下的杂货店去买。30分钟后回到家，发现锅里的热水全都不见了。这究竟是为什么？

答案：因为热水都变成冷水了。

A君与B君的家均位于新兴的住宅地，相距只有一百米。此地除这两家之外，还没有其他邻居，而且也没有安装电话。现在A君想邀请B君来家里玩，在不去B君家邀请的情况下，以何种方法能最早通知B君？假设A君身边装着十张画图纸、奇异笔、胶带与放大镜。

答案：他只要大声吼叫就可以了。

一个聋哑人到五金商店买钉子,他把左手的食指和中指伸开做成夹着钉子的样子,然后伸出右手作锤子状,服务员给他拿出锤子,他摇了摇头,服务员给他拿来钉子,他满意地买了。接着来了一个盲人,请问,他怎样才能买到剪子?

答案:盲人是会说话的呀。

小明画了好大一个圆,你知道画圆时是从什么地方开始的吗?

答案:从笔尖开始。

为什么白羊比黑羊吃得多一些?

答案:因为世界上的白羊比黑羊多。

一根木头重5吨,从上游到下游,需要载重为多少的船来运它?

答案:不用船,把木头放在水里就可以从上游运到下游了。

阿里巴巴与四十大盗的故事是东方夜谭还是西方夜谭?

答案:都不是,是天方夜谭。

一场大雨，忙着耕种的农民纷纷躲避，却仍有一个人不走，为什么?

答案：那是一个稻草人。

黑皮肤有什么好处?

答案：不怕晒黑。

小明的爸爸找了个座位坐下，小明也在同一个房间找个地方坐下来，小明的爸爸却不能坐在小明的位置上，小明坐在哪儿?

答案：小明坐在爸爸的腿上。

自从王主任上任后，办公室里上班打瞌睡的现象彻底消除了，为什么?

答案：王主任鼾声太大，吵得别人不能打瞌睡。

在早餐时从来不吃的是什么?

答案：午餐和晚餐。

黄河的源头在哪里呢?

答案:天上,因为"黄河之水天上来"。

小王13岁的生日为何点了1根蜡烛?

答案:那晚停电,点一根是用来照明的。

什么时候子女相逢能并肩?

答案:"好"字。

什么越冷越爱出来?

答案:鼻涕。

什么人双手是多余的?

答案:足球运动员。

蚊子咬在什么地方你不会觉得痒?

答案:别人身上。

增长智力的最有效方法是"吃一堑长一智"

脑筋不会转弯的是神马

1.

下雪天，阿文开了暖气，关上门窗，为什么还感到很冷？

答案：他在屋外。

2.

毛毛说10加4等于2，老师也说对，为什么？

答案：他是说的时间，10点加4小时等于2点。

3.

三个孩子吃三个饼要用三分钟，九十个孩子吃九十个饼要用多少时间？

答案：三分钟。

4.

小明家住在五楼，可是电梯坏了，他自己也没有走楼梯，却上了五楼回到家里，这可能吗？

答案：他妈妈背着他上楼。

5.

增长智力最有效的办法是什么？

答案：吃一堑长一智。

6.

为什么18岁可以参军却不能结婚？

答案：因为对付女人比冲锋陷阵困难得多。

7.

全世界死亡率最高的地方在哪里？

答案：床上。

8.

小华说他能在1秒钟之内把房间和房间里的玩具都变没了，这可能吗？

答案：可能，把眼睛闭上。

9.

有一种奇怪的东西，它能载得动万吨重物，却载不起一粒沙子。它是什么？

答案：海水。

10.

理发师最不喜欢的人是谁?

答案:秃头的人。

11.

大人上班迟到的理由是堵车,小孩子迟到的理由是什么?

答案:妈妈睡过了头。

12.

动物园里,大象的鼻子最长,鼻子第二长的是什么?

答案:小象。

13.

陈老太太得的并不是绝症,为什么医生却说她无药可救?

答案:她没钱买药。

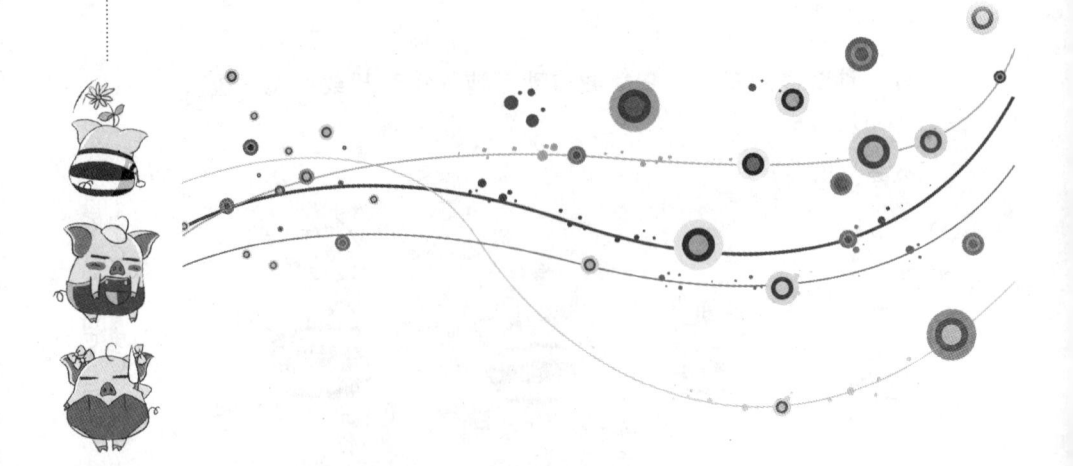

你真的会数学吗？

1.

这是一个古老的问题：有一个人带着一条狗、一只兔子、一篮白菜来到河边。河水很深，已经齐半腰，所以他每次只能带一样东西过河。但是狗要咬兔子，兔子要吃菜，请问他该怎样过去？

答案：先带兔子过去，空手回来，然后再带白菜过去，把兔子带回来，又带狗过去，空手回来，再把兔子带过去。

2.

把一副拿去大、小王，还剩52张的扑克牌仔细洗好，然后分成各26张的A，B两堆。如果这样分上一万次，那么请问该有多少次A堆中的黑牌与B堆中的红牌相等？

答案：全相等。

3.

一次宴会上，一对夫妻同客人共握手48次，问这次宴会上共有几人？

答案：26人（两个人分别握手两次，即24人，加上夫妻两人，则为26人）。

4.

公共汽车来了，一位穿长裙的小姐投了2元，司机让她上车；第二位穿迷你裙的小姐没给钱，司机也照样让她上了车，为什么？

答案：她有月票。

5.

甲、乙两只狼狗举行1000米赛跑，假如两只狼狗同时跑到终点，那么哪只狼狗出汗多？

答案：狼狗不出汗。

6.

从前有只鸡，鸡的左面有只猫，右面有条狗，前面有只兔子，鸡的后面是什么？

答案：注意第一句话，从的前面有只鸡，那么鸡的后面当然是"从"了。

7.

如果动物园失火了，最先逃出来的是哪一种动物？

答案：人。

8.

一架飞机在天空飞翔时突然没油了，请问：什么东西会最先掉下来？

答案：油表的指针。

9.

一个数字若去掉前面第一个数字是13,若去掉最后一个数字为40,请问原数是多少?

答案:四十三。

10.

中国哪个地方的东西最不便宜?

答案:贵州。

11.

小逗号买了一只万年龟,可是第二天早上万年龟却死了,为什么呢?

答案:昨晚刚好活满一万年。

12.

瞎子为何夜路点灯?

答案:为了使别人不撞到自己。

13.

王先生在打太极拳金鸡独立，站多久看上去都那么轻松，为什么？

答案：因为他在照片里。

14.

蝎子和螃蟹玩猜拳，为什么它们玩了两天，还是分不出胜负呢？

答案：两个都出剪刀。

惊天秘闻：母鸡腿短是因为怕摔碎鸡蛋

1.
一个不会游泳的人掉进了水里却没有淹死，为什么？
答案：他在洗澡。

2.
警方发现一起智能杀人案，现场没有留下线索，也找不到目击者，但一个小时后警方宣布破案，为什么？
答案：凶手自首了。

3.
为什么全世界的母鸡都是短腿？
答案：这样鸡蛋就不会摔破。

4.
生米不小心煮成熟饭时该怎么办？
答案：准备开饭。

5.

什么情况下5大于0，0大于2，2大于5？

答案：玩"石头，剪刀，布"时。

6.

大灰狼拖走了羊妈妈，小羊为什么也不声不响地跟了过去？

答案：小羊还在羊妈妈的肚子里。

7.

马路上发生车祸，警察赶往现场后，发现虽然司机全力相助，一人却已死亡。依照司机的说法，此人并非死于车祸，而是因肺癌丧命。因同坐车的只有司机和死者二人，根本没有目击者。但是，警察却立刻明白，司机并没有说谎。这是为什么？

答案：因为此司机是以灵柩车运送这位死于肺癌的人。

8.

电影院内禁止吸烟，但在剧情达到高潮时，却有一男子开始抽烟，整个银幕笼罩着烟雾。但是，却没有任何一位观众出来抗议，这是为什么？

答案：因为抽烟的男子，是电影中出现的人物。

9.

一架空调器从楼上掉下来会变成啥器？

答案：凶器。

10.

红豆和绿豆放在一个碟子里,小王为什么一下就把它们分开了?

答案:红豆和绿豆一样只有一颗。

11.

把什么打破了不会受到处分而会得到奖励?

答案:记录。

12.

小王和小李都睁一只眼闭一只眼做事,为什么小王得表扬,小李受处分?

答案:因为小王是射击运动员,小李是仓库保管员。

13.

鸭蛋一打有多少个?

答案:没有了,全碎了。

14.

一只健壮的鸭子为什么在小河中溺死了？

答案：想不开自杀了。

15.

小明写给他女朋友九封信，为什么他女朋友只收到一封信呢？

答案：他有九个女朋友，一人一封。

16.

世界上人口最多的是哪个国家？

答案：联合国。

17.

大眼镜蛇王，是一种非常凶猛的毒蛇，但无论如何激怒它，它都不咬人，为什么？

答案：因为它在一个没有人的密林里。

18.

世界上谁的肚子最大？

答案：宰相，因为"宰相肚里能撑船"啊。

19.

哭和笑有什么共同之处？

答案：都是10笔画。

20.

小军、小明是邻居，同楼同班又是同桌，天天一起去上学。可是，他们一个出门往左拐，一个出门往右拐，为什么？

答案：他们是对门邻居。

我在等秘书

爸爸什么时候像个孩子?

答案:在爷爷面前时。

邻居老李家的屋顶为什么有时漏雨,有时不漏雨?

答案:因为雨天漏雨,晴天不漏雨。

一个班的伞兵训练跳伞,班长说跳出机外数到30秒才能拉伞,结果其他人平安落地,只有一个人不幸身亡,为什么?

答案:因为那个人口吃。

锐锐能轻而易举地把一只倒悬的杯子装满水,而且不用任何东西挡住瓶口,他是怎样做到的呢?

答案:将杯子倒扣在装满水的盆子里。

有一天，警察看见一黑人小偷逃进一白人的宴会，追进去后，却发现全是白人，为什么？

答案：因为小偷的脸吓白了。

三兄弟分食一罐重达320克的凤梨罐头。因为不易平均分成三等份，所以两位哥哥各吃100克，剩下的120克全部分给弟弟，但是正想去吃的弟弟突然变得十分生气。究竟这是为什么？

答案：因为两个哥哥吃的是100克凤梨片，剩下的是120克汤水。

一斤棉花和一斤铁块哪一样比较重？

答案：一样重。

有爷俩、娘俩和夫妻俩，只有6个烧饼，但每人却分得了两个，这是为什么？

答案：他们只是三个人：儿子、母亲、父亲。

小明读小学二年级,他的家住在12楼,他每次去学校都是乘电梯下去的,但放学后,小明乘电梯只能乘到11楼。为什么?

答案:小明不够高,按不到12这个按钮。

袋鼠和猴子参加跳高比赛,为什么猴子一开始就赢了?

答案:袋鼠双脚起跳,犯规。

"东张西望""左顾右盼""瞻前顾后"这几个成语用在什么时候最合适?

答案:过马路的时候。

兔子为什么不吃窝边草?

答案:如果兔子吃了窝边草的话,那它的窝就没有可以隐藏的东西了。

喜剧和悲剧有什么联系?

答案:喜剧没有人看就成了悲剧。

为什么大多数人都不喜欢过32岁生日？

答案：没有人喜欢在生日蛋糕上插三长两短的蜡烛。

小明和小旺玩掷硬币的游戏，小明掷了十次都是阳的一面，问他掷第十一次时，阳和阴的概率各是多少？

答案：50%。

老师给学生们布置写作文，题目是"假如我是一位经理"。绝大部分学生马上埋头写作，唯有一位男生抄着手，靠在椅子上，无动于衷。老师问他为什么不写，他给了一个令人哭笑不得的回答。请问他的回答是什么？

答案：我在等秘书。

浸了水的棉花比盐重

1.
一座大楼发生火灾,老陈逃到了楼顶后,无路可走,便逃到了隔壁的楼顶上,两楼只隔10厘米,老陈却摔死了,为什么?
答案:两座楼一个30层,一个3层。

2.
笨拙者的敏捷,用一个什么样的词形容比较恰当?
答案:仓促。

3.
芳芳在学校门口将学生证弄掉了,她该怎么办?
答案:捡起来。

4.
何种动物最接近人类?
答案:寄生在人身体上的寄生虫。

5.

鱼儿为什么不说话？

答案：因为它在水里。

6.

两个小朋友都买了一样的鞋，为什么他们穿的鞋还是不一样？

答案：买的新鞋还没穿。

7.

小强在大雨的旷野中奔跑了十分钟，头发却没有湿，为什么？

答案：因为小强打着伞。

8.

我拿着鸡蛋扔石头，鸡蛋没破，为什么？

答案：石头扔出去了，但鸡蛋还留在手里，鸡蛋当然不会破了。

9.

什么票最值钱也最不值钱？

答案：股票。

10.

电和闪电有什么不同？

答案：一个花钱一个不花钱。

11.

一个伟大的人和一只伟大的狮子同一天诞生,有什么关系?

答案:没关系。

12.

猴子在树上摘菠萝,一分钟一个,十分钟摘多少个?

答案:菠萝不长在树上。

13.

为什么小刚在大街上捡了一个钱包而不上交?

答案:因为钱包是他自己的。

14.

为什么小刘的家在西边,而他却朝东走?

答案:他的公司在东边,他去上班。

15.

你用左手写字还是用右手?

答案:用笔写字。

16.

王子吻了睡美人之后,睡美人为何没有起来?

答案:她在赖床。

17.

比"春光外泄"更严重的是什么?

答案:瓦斯外泄。

18.

什么时候棉花比盐重?

答案:浸了水的时候。

老师，红豆冰棒是甜的

1.
某人用面条上吊，结果真的死了。为什么？
答案：他是掉下来摔死的。

2.
小明的爸爸买了一个礼物给小明，小明打开看了之后就把它踢出去了。为什么？
答案：礼物是足球。

3.
小明是老高的儿子，但是小明却不肯喊老高爸爸，为什么？
答案：因为老高是小明的妈妈。

4.
小胖在大扫除时偷吃红豆冰棒被老师看见，老师生气地问："太闲了是不是！？"，结果小胖说了什么，害老师差点当场昏倒？
答案：小胖说："老师，红豆冰棒是甜的。"

5.

一个人空肚子最多能吃几个鸡蛋？

答案：只能一个（因为吃第二个的时候已经不是空肚子了）。

6.

你看不到房间里唯一的苹果，为什么？

答案：苹果放在你头上。

7.

哪一件衣服最耐穿？

答案：最不喜欢的那件。

8.

一条小船要渡34人，船上一次只能坐7人，几次能渡完？

答案：6次，因为每次得回来一个划船的。

9.

有一个小圆孔的直径只有1厘米，而有一种体积达100立方米的物体却能顺利通过这个小孔，那么这是什么物体呢？

答案：水。

10.

超人和蝙蝠侠最大的区别是什么?

答案：蝙蝠侠把内裤穿在里面，超人把内裤穿在外面。

11.

什么地方恶人们不再干扰得你心烦意乱，而只好与你生活在一起?

答案：天堂。

12.

有一种棋只有两种棋子，你知道是什么棋类吗?

答案：围棋，只有黑棋和白棋。

13.

什么东西将一间屋子装满，人还能在里面活动自如？

答案：空气和光。

14.

为什么阿福总要等老师动手才去听老师的话？

答案：阿福是聋子。

15.

有一棵树，在距树7米的地方有一堆草，一头牛用一根3米长的绳子栓着，这头牛把这堆草全吃光了，为什么？(不考虑牛的体长)

答案：牛没有拴在树上。

16.

在河的岸边有一只蚕，在河的对岸有一片桑树，这条河水面宽100米，却没有一座桥，请问它如何才能过到河对岸？

答案：变成蛾之后。

17.

一个篮子里装着五个苹果，要分给五个人，要求每人分的一样多，最后篮子里还要剩下一个苹果，如何分？(不能切开苹果)

答案：把篮子和一个苹果一起送给一个小朋友。

18.

小李昨天在客户面前骂总经理是笨蛋,结果小李被开除了,为什么?

答案:因为小李泄露了公司的最高机密。

19.

小花站起来同饭桌一样高,两年之后,反而能在桌子下活动自如,为什么?

答案:小花是一条狗。

20.

家家说他能轻而易举跨过一棵大树,他是怎么跨过的呢?

答案:他跨过的是一棵被伐倒的树。

21.

小明带100元去买一件75元的东西,但老板却只找了5块钱给他,为什么?

答案:他给了老板80元。

22.

一个人无法做,一群人做没意思,两个人做刚刚好。请问是啥秘事?

答案:说悄悄话。

圣诞老人放进袜子的第一样东西是……脚

一年前的一月一日,所有的人都同时做着一件非常重要的事,你记得是什么事吗?

答案:呼吸。

有对长相一模一样的双胞胎兄弟,哥哥的屁股有黑痣,而弟弟没有。但即使这对双胞胎穿着相同的服饰,仍然有人可以立刻知道谁是哥哥,谁是弟弟。这人是谁呢?

答案:他们自己。

阿珍什么家务都不会做,脾气又坏,他爸妈为什么还拼命催她结婚?

答案:为了"嫁祸于人"。

什么人可以饭来张口，衣来伸手？

答案：婴儿。

后脑勺受伤的人怎样睡觉？

答案：闭着眼睛睡觉。

地球有两处地方，昨天可以是今天，今天可以是明天，这地方是哪儿？

答案：南极和北极。

芳芳吃牛肉面，却不见任何牛肉，为什么？

答案：她吃的是牛肉泡面。

圣诞夜，圣诞老人放进袜子的第一件东西是什么？

答案：脚。

苹果树上有二十个熟透的苹果，被风吹落了一半，后来又被果农摘了一半，那么树上还有几个苹果？

答案：5个。

从一写到一万，你会用多少时间？

答案：最多5秒（1,10000）。

为什么拿破仑的字典里没有一个"难"字？

答案：他的字典是法文。

哪种火车车厢最少？

答案：救火车。

什么人人们在说他时很崇拜，但却不想见到他？

答案：上帝。

哪种人希望孩子越多越好？

答案：儿童用品制造商。

买一双高级女皮鞋要2198元，请问买一只要多少钱？

答案：一只不卖。

一艘五十万吨的油轮沉没了，最先浮出水面的是什么？

答案：空气。

为什么罗丹雕塑的作品"沉思者"没有穿衣服？

答案：他正在想穿哪件衣服好看。

一个人死前要做的最后一件事是什么？

答案：咽下最后一口气。

什么事情，只能用一只手去做？

答案：剪自己的手指甲。

什么房子失了火却不见有人跑出来？

答案：太平间。

老张是出了名的拳手，为什么一戴上拳击手套反而让对手三下两下就打下台去了？

答案：他是划酒拳的高手。

什么地方能出生入死？

答案：医院。

在布匹店，买不到什么布？

答案：松赞干布。

什么东西不能用放大镜放大？

答案：角度。

少女们的偶像如果不幸因车祸而成了植物人，那么影迷们会怎样觉得呢？

答案：帅呆了。

借光就不用还了

1.
老高骑自行车骑了十公里，但周围的景物始终没有变化，为什么？

答案：他骑的是室内健身车。

2.
哪一种人最容易走极端？

答案：爱斯基摩人。

3.
为什么胖的人比瘦的人怕晒？

答案：晒的面积比较大。

4.
借什么可以不还？

答案：借光。

5.

什么东西可以死很多次，而且一般情况下每次死的时间不超过1分钟？

答案：死机。

6.

考试做判断题，小花掷骰子决定答案，但题目有20道，为什么她却扔了40次？

答案：她要验证一遍。

7.

一把11厘米长的尺子，可否只刻3个整数刻度，即可用于量出1到11厘米之间的任何整数厘米长的物品长度？如果可以，问应刻哪几个刻度？

答案：可以。（刻度可位于2、7、8厘米处）

8.

世界上任何地方都找不出如此便宜的住所，这是什么地方？

答案：牢房。

9.

浪费掉人一生三分之一时间的会是什么东西？

答案：床。

10.

什么马不会跑？

答案：木马。

11.

海水为什么是咸的？

答案：鱼流的泪太多了。

12.

为什么有人说：世界上分配得最公平的东西是"良心"？

答案：有人说自己没有良心了吗。

13.

你有一艘船，船上有十五位船员，六十位乘客，三百吨货物。你能根据上面的提示，算出船主的年龄吗？

答案：你就是船主，年龄还需要算吗？

14.

小王在市区租了一间房子，租约上注明若不慎引起火灾，烧毁了房子，必须赔偿300万元。小王不但不反对，甚至还主动多填了一个0，为什么？

答案：反正都赔不起。

捏住鼻子你就看不见自己的鼻子了

1.

有一种活动能够准确无误地告诉你：美人不是天生长出来的，而是七嘴八舌说出来的，这是什么活动？

答案：选美。

2.

有三个小朋友在猜拳，一个出剪刀，一个出石头，一个出布，请问三个人共有几根指头？

答案：六十。

3.

当你捏住你的鼻子时，你会看不到什么呢？

答案：当然是你自己的鼻子。

4.

可以天天躺在枕头上工作一辈子的是什么？

答案：铁轨。

5.

书呆子买了一本书，第二天他妈妈却发现书在脸盆里，为什么？

答案：他认为那本书太枯燥了。

6.

小胖在从图书馆回家的计程车上睡着了。突然他一觉醒来，发现前座的司机不见了，而车子却仍然在往前进，为什么？

答案：车子抛锚了，司机正在后面推车。

7.

一个手无寸铁的人钻进了狮子笼里，为什么平安无事？

答案：狮子笼是空的。

8.

王大婶有三个儿子，这三个儿子又各有一个姐姐和妹妹，请问王大婶共有几个孩子？

答案：五个。

9.

老古家遭窃，损失惨重，但当警方通知破案时，老古却送慰问品去看那名窃贼，为什么？

答案：他想请教如何在半夜回家而不把老婆吵醒的秘法。

10.

班长告诉菜鸟，当拉开手榴弹的保险之后，口中先数五秒再投掷出去，菜鸟一切都按班长指示动作，但仍被炸死了，为什么？

答案：因为菜鸟有口吃。

11.

什么虎会吓人但并不吃人？

答案：壁虎。

12.

电话声大作，却不见小华和哥哥去接电话，这是怎么回事？

答案：因为那是电视。

13.

什么样的河人们永远也渡不过去？

答案：银河。

14.

艳阳高照，为什么只有小可全身湿淋淋的？

答案：因为他正在游泳。

15.

大雄练就了"吃西瓜不吐子"的绝招，他到底是怎么练成的？

答案：吃的是无子西瓜。

16.

堂堂的中央图书馆，却没有明版的《康熙字典》，这是为什么？

答案：《康熙字典》是清朝人编的。

17.

做什么事睁一只眼，闭一只眼比较好？

答案：照相。

18.

猪皮是用来做什么的呢？

答案：包猪肉用的。

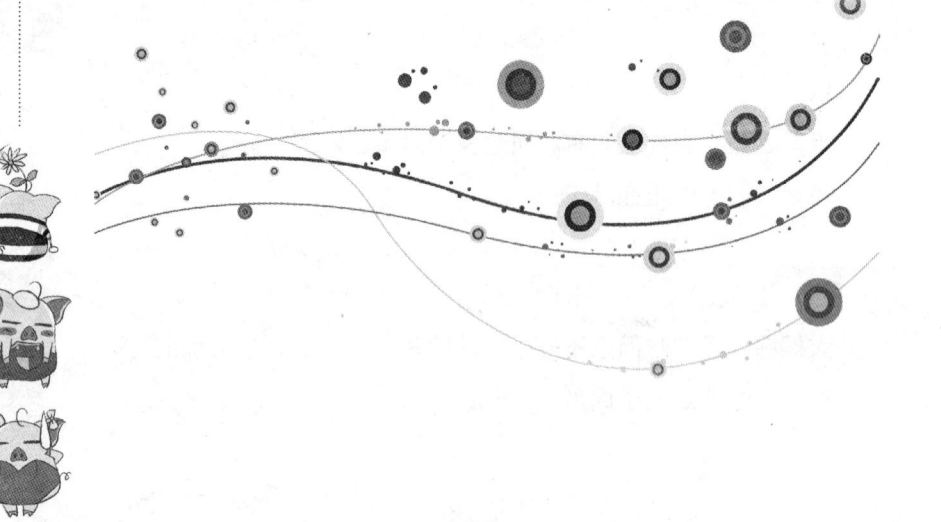

和自己老婆孩子一起打麻将的目的是回收一部分薪水

1.

100公斤的胖妹听说骑马可以减肥，便去试，结果如何？

答案：马瘦了10公斤。

2.

小虎从《武术大全》这本书上学得一身好功夫，但是第一次路见不平就被修理了一顿，为什么？

答案：他看的是盗印版。

3.

为什么小明拒绝用"一边……一边……"这个词来造句？

答案：因为老师说"一心不能二用"。

4.

小吴称赞女朋友的新衣服"十分漂亮"，但却被女朋友打了一顿，为什么？

答案：满分是一百分。

5.

神偷"妙手空空"把附近一些有钱人家的金银珠宝偷得一干二净，为什么有一家既无防盗设备，也无保安人员的财主家却没受到光顾？

答案：那是他自己的家。

6.

一只田鼠在挖洞时并没有在洞口四周留下泥堆，为什么？

答案：因为它先挖出口。

7.

阿忠结婚好几年了，却没生下一个孩子，这是为什么？

答案：他生的是双胞胎。

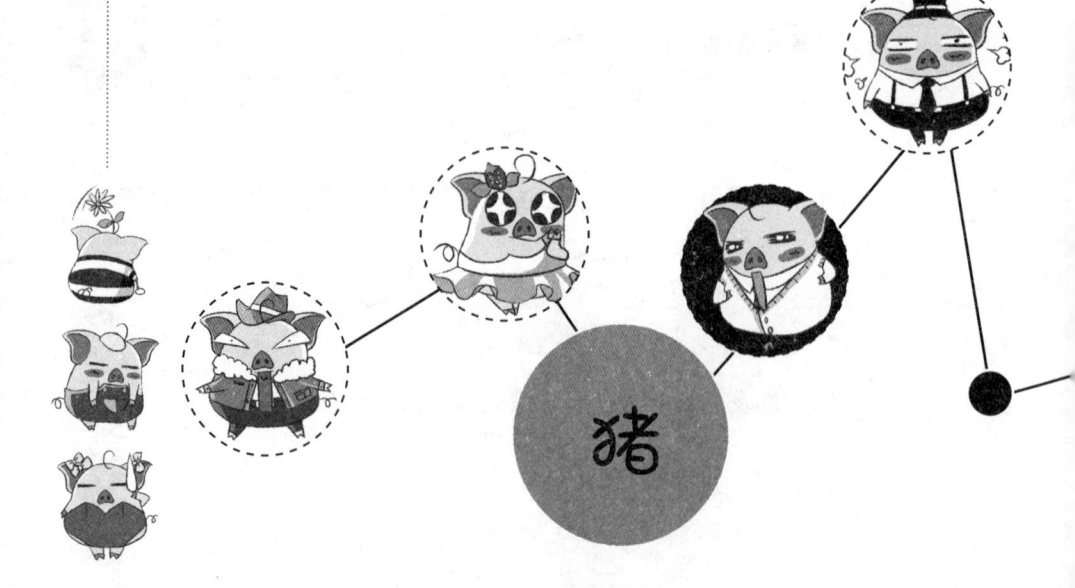

8.

有一位律师，自己有了婚变，却站在太太的立场，免费担任太太的辩护律师，并且帮助她向丈夫要求更多的赡养费，最后这律师却没有任何损失，为什么？

答案：因为这个律师正是那个太太。

9.

为什么老李喜欢和自己的老婆和孩子一起打麻将？

答案：只有这样才能回收一部分薪水。

10.

为什么明明是放砂糖的罐子，却贴着一张写着"盐"的标签？

答案：骗蚂蚁。

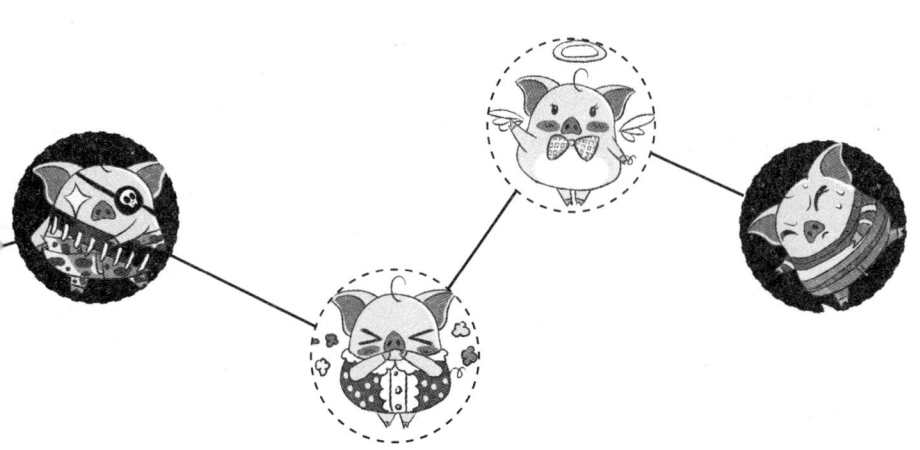

11.

戒烟为什么要戒两次呢?

答案：戒了右手还要戒左手。

12.

为什么老王家的马能吃掉老张家的象?

答案：因为他们正在下象棋。

13.

什么车最不可能发生车祸?

答案：灵车。

14.

常把手伸向别人包里的人，为什么却不是小偷?

答案：他是海关检查员。

15.

有一间屋子的北边有肥料厂，南边有酒厂，它有项优点，你知道是什么吗?

答案：只要一开窗子就能知道什么风。

16.

小虎的摩托车既没有锁，也没有违规，但是仍然被锁上了，为什么?

答案：不知道哪个迷糊蛋锁错了。

17.

小杰最爱吹牛，但是为什么他说大家都说他讲话很实在？

答案：那是他自己说的。

18.

天上有十个太阳，为什么后羿只射下九个？

答案：他不想摸黑回家。

19.

谁会连续摇头半个小时以上？

答案：看球赛的。

20.

钻进钱眼里的人最终会怎样？

答案：最终会死。

21.

人在做哪一件事的时候，最好能闭上眼睛？

答案：死掉的时候（省得吓人）。

22.

除了司机以外，还有谁可以每天搭公交车而不必给钱？

答案：售票员。

爱情使人盲目，所以"情人眼里出西施"

脑筋不会转弯的是蚰马

1.
在机场办出境手续时，才想起忘了拿护照，怎样才能在最短的时间里拿到护照呢？
答案：打开皮包就可以拿到了。

2.
对一个打算把头发留到腰部的人来说，最重要的一件事是什么？
答案：晚上不要穿着白衣服出门。

3.
为什么有人说"情人眼里出西施"？
答案：因为爱情使人盲目。

4.
超人看到有人在银行抢劫，为什么不去阻止？
答案：找不到电话亭。

5.

什么地方物品售价愈高，客人愈高兴？

答案：当铺。

6.

车子应该靠右行驶才对，为什么杨先生靠左行驶却没事？

答案：因为他正行驶在靠左行驶的国家。

7.

老陈工作时一直闭着眼睛，从不睁开，他究竟是做什么工作的？

答案：假装瞎子乞讨。

8.

在没有停电、跳电的情况下，为什么吴先生按了开关电灯却没有亮？

答案：他按的是电视开关。

9.

小呆一天写作文时，发现不会写"笨"字，于是他查字典，但是却查不到这个字，为什么？

答案：他笨得拿英文字典去查了。

10.

安妮的医师男友到外地出差一年,每两天会写一封情书给安妮,请问两个月之后,安妮会收到几封情书?

答案:一封也没有。(他太懒了,一封也没有寄。)

11.

阿三死了,为什么大毛理直气壮地说:"凶手不是我,绝对另有其人!"?

答案:因为阿三是电视推理剧场中的。

12.

一名女生上了传说中闹鬼的厕所后,为什么昏倒在厕所里面?

答案:她忘了厕所门是拉的,推半天推不开所以昏过去了。

13.

"不见棺材不掉泪"可以用来形容一个人顽固,你知道什么人是"见了棺材仍然不掉泪"的死硬派吗?

答案:当然是死人了。

14.

老吴每天抽两包烟,他老婆逼他减少一半的烟量,于是老吴把一天分成两段时间,用过去相同的间隔速度抽烟,事实上,老吴的烟量却一根也没减少,这是为什么?

答案:他是以清醒与睡觉为划分,等于没少。

15.

一向最爱吃蛋糕的大宝,今天为什么连面前那1/4小块蛋糕都吃不下呢?

答案:因为他刚刚吃完那3/4。

16.

为什么会有人见死不救?

答案:死都死了还救什么。

17.

妈妈明明在叫大宝,但出来的却是小宝,为什么?

答案:因为大宝不在。

18.

煮一个蛋要四分钟,煮八个蛋要几分钟?

答案:四分钟。

19.

什么东西不怕布,只怕石头?

答案:剪刀。

20.

大气的流动叫"气流",河水的流动叫"水流",那风的流动呢?

答案:风流。

21.

从前的人结婚前都要先查一查对方的三代,现在的人要查什么?

答案:口袋。

22.

印度政府规定,男性不得与他的寡妇的姐妹结婚,为什么?

答案:既然他的妻子成了寡妇,表明他本人已经死了,当然不能再娶了。

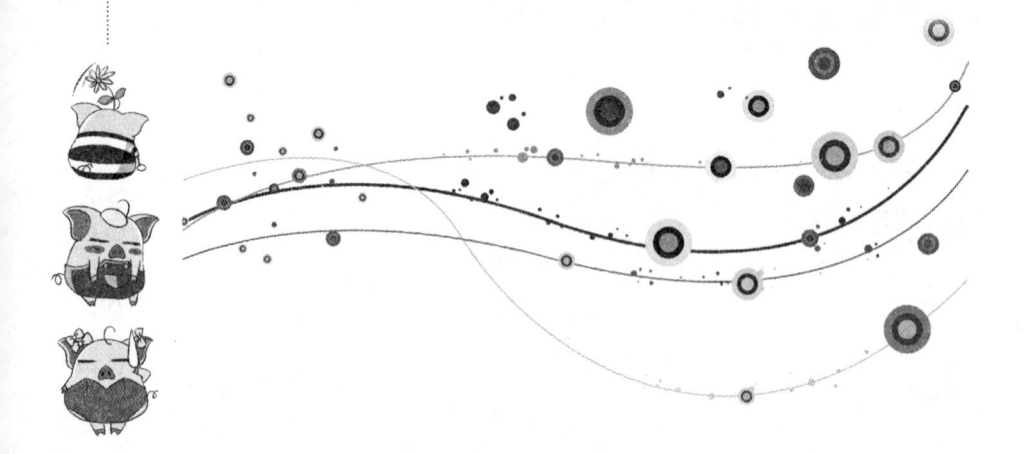

十年前吞下一枚金币，十年后取出可以变多吗？

在平衡的跷跷板两边各放一个西瓜和冰块，重量相等，如果就这样放着，最后跷跷板会向哪个方向倾斜？

答案：还是平衡的，因为冰化了，西瓜滚了。

我有九个苹果，却必须分给十三个小朋友，我该怎么办？

答案：榨果汁。

报纸新闻和电视新闻最大的不同在哪里？

答案：报纸看完可以保存。

有架飞机失事,事故现场支离破碎,但令人惊讶的是找不到任何伤者,为什么?

答案:那是一架遥控飞机。

老张不小心吞了一枚金币,为什么到十年后才去做手术取出来呢?

答案:因为当时不急着用钱。

天黑一次亮一次就是一天,可有一次天黑了两次仍然只过了一天,你猜得到是什么原因吗?

答案:碰上日全食了。

有一个人发高烧到50度,他这时该找谁帮忙?

答案:消防队。

小明在美术课上交了一张全部涂黑的画,为什么老师还是给了他及格?

答案:因为小明画的是一个黑人在半夜里抓乌鸦。

山岗上有三只狐狸，猎人开枪打死了一只，山岗上还有几只狐狸？

答案：一只。

小华和小涵约好中午12点钟在学校吃饭，小华看了表后，匆匆去找小涵。见面后，小涵对小华说："你相信9+4=1吗？"小华听后脸红了，为什么？

答案：九点钟加四点钟是一点钟。

一只羊碰到一头老虎，非但不怕，而且还把那头老虎给吃了，这是怎么回事？

答案：那是只纸老虎。

人们心中最热烈、最难以满足的激情之一是什么？

答案：好奇心。

你能否用3根筷子拼成一个比3大比4小的数？

答案：拼成圆周率"π"。

小明和小涵各买了三束花，他们把花捆在一起，准备送给老师，那么老师收到几束花？

答案：一束。

一个人请人画十二生肖像，最后只剩下蛇没画时，画师却怎么也不肯画了，为什么？

答案：因为他怕画蛇添足。

亮亮开着车跟在一辆敞篷车后面，那辆车却没有司机，为什么？

答案：车已坏，靠前面的车拖着走。

脑筋不会转弯的是神马

谁是考场长颈鹿?

1.

幼儿园的老师拿出一包糖,准备分给小朋友们吃,如果一人分一块,便多出一块,如果一人分两块,又少两块,究竟最少有几个小朋友?几块糖?

答案:三个小朋友,四块糖。

2.

除了动物园和非洲可以看到长颈鹿外,还有什么地方能看到?

答案:考场。

3.

大勇向小伙伴们吹嘘说,今天上课的时候,老师提了一个问题,全班除了他没有一个人答对,你猜老师问的是什么问题?

答案:"大勇你为什么又迟到了?"

4.

纸盒上有三支点燃的蜡烛，一阵风吹来，吹熄了一支，其余两支继续燃烧，最后会剩下几支蜡烛呢？

答案：一支也不剩。

5.

一只皮球和一只铁球从高楼上掉下来，谁先落地？

答案：铁球。

6.

星期二过去是星期三，星期三过去是星期四，星期四过去却是星期天，为什么？

答案：多撕了两张日历。

7.

有个胖子上了公共汽车，没有月票，也没有买票，售票员为什么让他从起点坐到了终点？

答案：他是司机。

8.

出去的时候光着身子，回到家才穿上衣服的是什么？

答案：衣架。

9.

小涵捉到一只小鸟,她把小鸟放在桌子上,小鸟却没有飞,是什么原因?

答案:小鸟已经死了。

10.

为什么老陈说他少了女人一天也活不下去?

答案:他是化妆品制造商。

11.

在做游戏时,你是司令,你手下有两名军长,五名团长,十个排长和二十五名士兵,那么他们的司令今年几岁了?

答案:你今年几岁就是几岁。

12.

怀孕的母狗怕人踢它,可是有个家伙踢它,它既不躲避也不生气,为什么?

答案:因为是小狗在它的肚子里踢。

13.

猫和猪有何区别?

答案:一种是宠物,一种是食物。

14.

一个胖子和一个瘦子走在一起,胖子突然被掉落的高压电线打倒死了,而瘦子并未碰到胖子或电线,可是他也死了,为什么?

答案:瘦子被油炸死了。

15.

餐厅里,有两对母女在用餐,每人各叫了一个70元的牛排,付账时却只付了210元,为什么?

答案:这两对母女是姥姥、妈妈和女儿。

16.

走进一家店,看见老板和客人正在议价,老板拼命杀价,而顾客却一直抬高价钱,为什么?

答案:因为客人来卖车。

17.

有一位老奶奶在看报，一只蚊子正要叮她，却突然死掉了，但老奶奶的手和脚都没动，这是为什么？

答案：因为它被老奶奶的皱纹夹死了。

18.

"失败为成功之母"，那成功为失败的什么？

答案：反义词。

19.

恐龙为什么会灭亡？

答案：那个时候没有动物保护协会。

20.

做什么事情最开心？

答案：开心手术。

21.

圣女贞德是哪国人？

答案：天国。

22.

为什么天上会有星星？

答案：证明爱因斯坦的相对论，天上有星星，地下也有猩猩。

23.

刚念幼儿园的皮皮才学英文一个月,却能毫无困难地和外国人交谈,为什么?

答案:外国人用中文与他交谈。

24.

小明去夏威夷度假,结果在海边溺水,高喊救命,却没人理他,为什么?

答案:没人能听懂中文。

25.

小燕站在路中央,一辆时速90公里的汽车急驰而过,她却未被撞死,为什么?

答案:小燕站在路中央的天桥上。

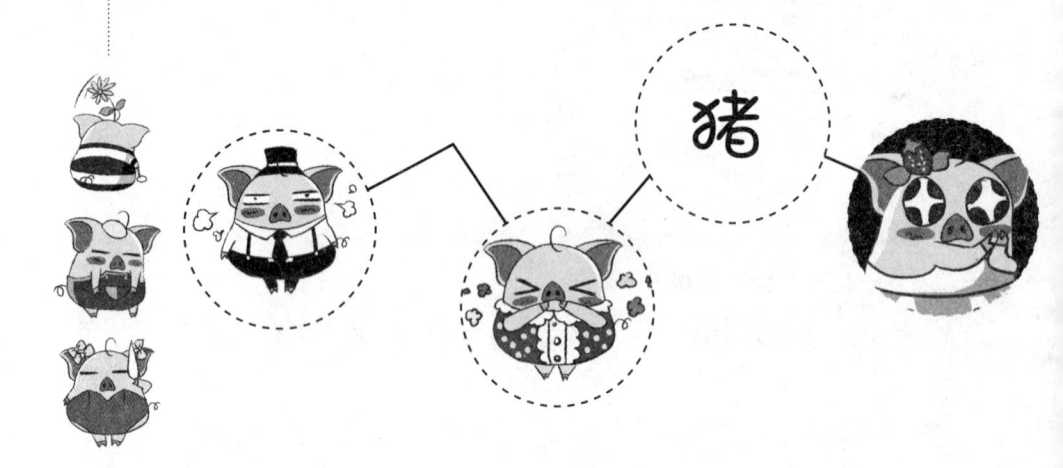

嫦娥去年就笑死了

1.

一只母猪带着10只小猪过河，被叼走了3只，过河后一算，还是10只小猪，为什么？

答案：母猪不会算数。

2.

有一天，小英看到小明随即惊叫，小明见状，也跟着惊叫，为什么？

答案：因为他们正在玩游戏。

3.

身高168厘米的小华，有一天去看棒球赛，回来后变成了170厘米，为什么？

答案：因为他被球击中，长出了一个两厘米的包。

4.

去年的中秋节，政府提倡"不要让嫦娥笑我们脏"，今年却没有，为什么？

答案：因为嫦娥去年就笑死了。

5.

鸡蛋里面挑"骨头"表示故意找人麻烦，那鸡蛋里面挑"石头"又代表什么意思？

答案：小鸡得了肾结石必须挑石头了。

6.

小明去参加讲笑话比赛，一路上他一直用冰块敷嘴巴，为什么？

答案：怕笑话到时候不新鲜。

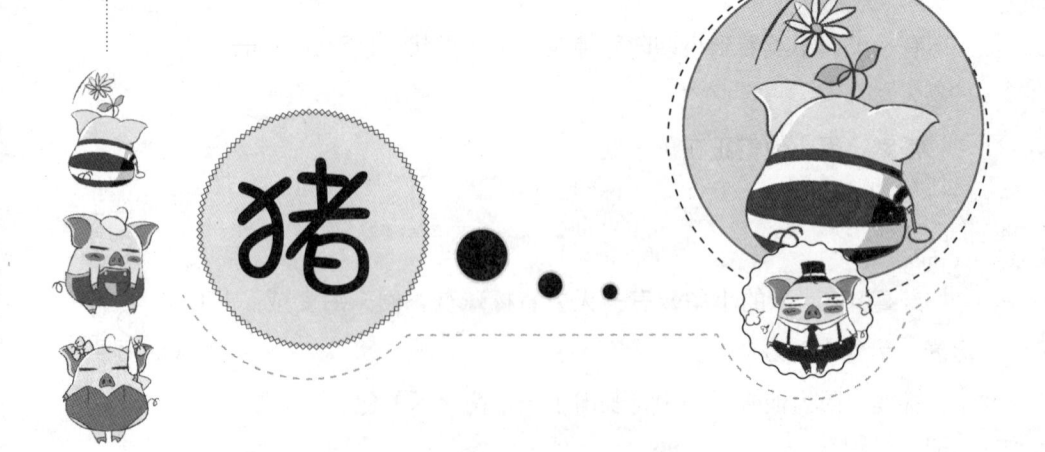

7.

老王已经年过半百，为什么总爱围着女人转？

答案：老王是推销化妆品的。

8.

为什么夏天才有台风？

答案：因为台风要冬眠。

9.

为什么闪电总是比雷快？

答案：因为雷公说女士优先。

10.

一个即将被枪决的犯人，他最大的愿望是什么？

答案：穿上防弹衣。

11.

大头买了一双鞋子，他提着鞋子到处走，却从来没穿过，到底是为了什么？

答案：他说鞋子穿久了会坏。

12.

树上有100只鸟，用什么方法才能把它们全部抓住？

答案：用照相机。

13.

小陈有一天不小心撞到电线杆，为什么连手也会痛？

答案：因为小陈狠狠地揍了电线杆一顿。

14.

为什么一架纸飞机造价一亿元？

答案：那是用一张一亿元的纸票折的。

15.

一个女人怎样才能使男人对她一见钟情？

答案：别让男人看她第二眼。

十根指头里无名指最长
——因为念出来要三个字

1.

两个爸爸和一个儿子同处一室，三人合计却有九只手，为什么？

答案：祖孙三代同是扒手。

2.

海湾战争中，为什么美军在夜间死伤比伊军少？

答案：美国黑人比较多。

3.

小玲放学回家后，发现自己忘了带钥匙，她该怎么做才能进家门呢？

答案：门没锁，开门就好了。

4.

遗传学界最伟大的发现是什么？

答案：麻雀变凤凰。

5.

不小心把钥匙吞到肚子里了，该怎么办？

答案：先找开锁的。

6.

每个人都有10根指头，哪根指头最长？

答案：无名指，因为念出来有三个字。

7.

小马右脚袜子的外侧破了一个洞，左脚袜子的内侧也破了一个洞，他该如何做才能使他穿的这双袜子的外侧没有破洞？

答案：把右脚的袜子反穿，外侧的洞就跑到内侧去了。

8.

地球上每天走的距离最远的是什么？

答案：地球自己，每天自转一周为四万千米。

9.

有2位神射手，面对1个独脚桌上呈正方形排列的4个瓶子练射箭。甲说："我只要3箭就能射倒4个瓶子。"乙说："我只要2箭就能射倒4个瓶子。"这时，有个猎人路过，对他们说："我只要1箭就能射倒4个瓶子。"请问：猎人究竟是如何射的？

答案：射桌脚。

10.

某公司招聘1名职员，有2名候选人应试，试题只有1道：某大学A班学生平均智商为110，B班学生平均智商为120，请算出两个班学生的平均智商。候选人甲抢先交上答案"115"，而乙却因回答不出而交了白卷，结果乙考中了，为什么？

答案：考题未给出两个班的人数是无法计算平均智商的。

11.

芹菜走着走着，突然觉得肚子很痛，接着"噗"的一声，你说它拉出什么来了？

答案：勤奋（芹粪）。

12.

小逗号买了1盒蚊香，平均1卷蚊香可点燃半个小时，若想以此测量45分钟时间，他该如何操作？

答案：先把一卷蚊香两头点燃，燃完后再将另一卷蚊香的一端点燃，这卷烧完后就大概过了45分钟。

13.

3个人3天用3桶水，9个人9天用几桶水？

答案：27桶水。

14.

小戴是位科学家,他历尽千辛万苦终于来到一个地方,面北而立,向左转90度,却还是面北,再转90度依然面北,又转90度还是面北,你知道这是什么原因吗?

答案:他站在南极极点上。

15.

一只小熊竟然可以向后走而向前进,请问这是怎么一回事呢?

答案:它在前进的车上向后走。

16.

森林中有10只鸟,小明开枪打死了1只,其他9只却都没有飞走,为什么?

答案:因为是鸵鸟。

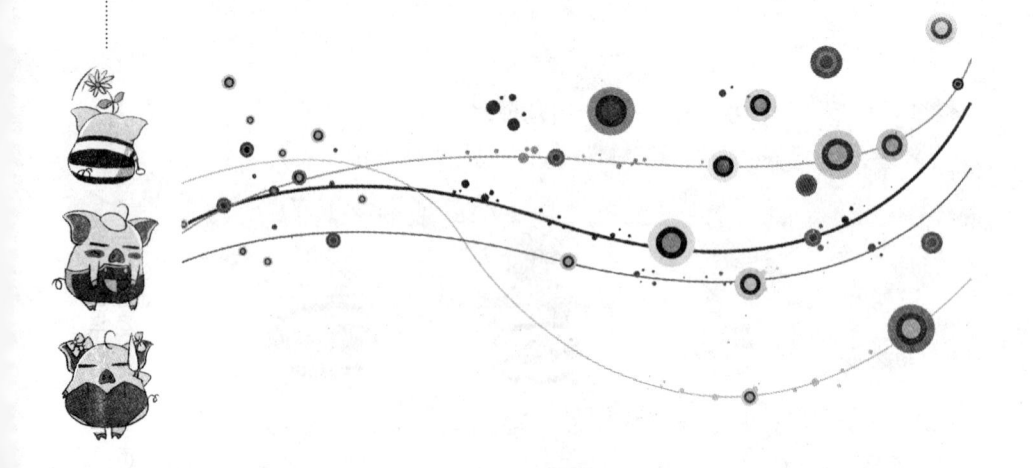

杨过断臂后一直是怎么剪指甲的呢?

去教堂向牧师忏悔之前，人们事先都做了什么事?

答案：做了错误的事。

一个人挑着一副箩筐要经过一座只能容一人走过的桥，当他走到桥中间的时候，迎面来了一个小孩，后面又来了一个小孩，他们三人用什么方法不用退回原地又能顺利过桥呢?

答案：两个小孩分别坐在或站在箩筐里，让挑担的人前后一转，他们就可顺利过桥了。

小明总是马马虎虎的，他同时写了10封信，装完信封后他检查了一下，发现有一封信装错了，爸爸说他又马虎了，为什么?

答案：如果装错了，就会同时错两封，不可能只错一封，检查时小明又马虎了。

在一块平坦的草地上，一个神枪手拿枪瞄准了100米远处的一个人，那人高2米，子弹始终在离地面1米处笔直地打过去，可是那人并未移动，却安然无恙，为什么？

答案：这个人躺在地上。

糖与醋有什么不同？

答案：你可以请别人吃糖，但不可以请别人吃醋。

什么是治疗"口臭"的最佳方案？

答案：闭嘴。

在一个每天都有层出不穷的新闻发生的国度，有一种报道当天发生一切事件的"事件报"。有一天，这个国家奇迹似地没有发生任何事件，但这份报纸仍然刊载了本地的新闻，这是为什么？

答案：完全没有新闻发生这件事，本身就是一件大新闻。

远在外地工作的小张寄了封信回家，里面还夹了一张照片，但为什么他家人收到信后却迟迟不打开看呢？

答案：粗心的小张把"勿折"写成"勿拆"了。

什么东西像大象一样大但毫无重量？

答案：大象的影子。

在什么情况下，人的手和嘴巴会动个不停？

答案：不会游泳的人跳入水中时。

一位妇人因为有一次一个盗贼从她的床底下钻出来向她行窃，导致她每次睡觉都因担心床底有人而失眠，你有什么办法消除她的困扰？

答案：不睡床了。

有一对侨居意大利的中国夫妇，某天太太到市场买鸡胸，因为她不懂意语，只好学鸡叫，再指指自己的胸部，老板看懂了。后来她想买香肠，却回家叫丈夫来，为什么？

答案：她丈夫会意大利语。

什么人外出吃饭不用自己付钱？

答案：跟父母出外吃饭的儿童。

什么河里行的船必须飞?

答案：银河。

长了两只脚的动物为什么能生出不长脚的?

答案：鸡生蛋。

为什么说交警很强壮?

答案：因为交警一只手就可以拦截交通。

什么东西长毛之后就说明快成熟了呢?

答案：玉米。

借"过"到底该怎么还呢？

1.

诸葛亮临死前，将平生所学传授给姜维，嘱咐他辅佐后主刘禅，为国家效力。蜀国到后期缺乏大将，只有姜维一人智勇双全，那么诸葛亮死后蜀国后主刘禅该怎么办？

答案：厚葬诸葛亮。

2.

宝玉不叫贾政爸爸，一贯严厉的贾政却不生气，为什么？

答案：宝玉叫的是爹。

3.

宝玉出生的时候嘴里就含着一块五彩斑斓的玉，这真是一个谜，那么什么可以解开这个谜呢？

答案：谜底。

4.

猫喜欢吃鱼，为什么今天不吃了？

答案：因为今天没有鱼吃。

5.

一辆砂石车，总重十吨，在开了一段路之后，必须过一座严禁重十吨以上汽车通过的桥，结果汽车司机把车开过去了，这是怎么回事？

答案：开了一段路，耗去了不少汽油，所以车已经没有十吨重了。

6.

没拿手杖的双眼瞎子阿德，走到一处未加盖的下水道洞口前，为什么没有失足掉进洞里？

答案：这时他刚好想起没拿手杖，所以转身拿去了。

7.

你曾借了什么东西至今都没还过？

答案：借过。

8.

今天上午只上半天课，学生高兴吧？

答案：不高兴，因为下午还有半天课。

9.

有一种牛皮最容易被戳穿，那是什么牛皮？

答案：吹牛皮。

10.

什么人最爱斤斤计较？

答案：举重比赛的裁判员。

11.

虽然只是薄薄的一片，女人少了它却一天也活不下去，请问是什么东西？

答案：镜子。

12.

小珍在事业上并没有什么成就，为什么却也有"女强人"的外号？

答案：她常常"强人所难"。

13.

胖女人肥肥每次和老公去买衣服时，试完后老公总是不付钱，但这次却很快付了钱，为什么？

答案：因为把衣服试破了，不买不行。

14.

当小王把东西送到小张家时，小张无可奈何地说："对不起，我孩子都上小学了。"请问小王送的是什么东西？

答案：尿不湿。

15.

早上8点整，北上、南下的两列火车都准时通过同一条单线铁轨，为什么没有相撞呢？

答案：因为日期不一样。

16.

有一座长10米的木桥，最大载重量是3吨。现有一辆2吨重的卡车，载了一根长30米、重3吨的铁链，要通过这座木桥。如不能将铁链分开，有什么简单可行的方法可使卡车安全通过？

答案：让卡车拖着铁链过桥。

17.

一个人要把100个箱子分三次运到河的对岸去。河上只有一只船，每次运载的箱子数量必须一样，请问他该怎么做？

答案：第一次载40个箱子，到对岸时只放下30个箱子，留10个箱子在船上回来；第二次再载30个箱子上船，到对岸后又放下30个箱子，留10个箱子在船上回来；第三次再搬剩下的30个箱子。

18.

假设有一块直、横各100列，共计1万个电灯泡组成的电光板，若想要尽量正确展现出圆形的灯光时，你会在电光板上装多少灯泡？

答案：装一个灯泡，即可展现类似于正圆形的灯光。

19.

不会走路而我们还愿意和他一起走的人是谁?

答案：婴儿。

20.

什么刀不但伤不到别人反而会让自己遭殃?

答案：溜冰时穿的冰刀。

21.

有只小北极熊早上醒来后一直追问熊妈妈自己是不是一只小浣熊，熊妈妈告诉它当然是北极熊，可是它为什么还是不相信?

答案：因为它觉得很冷。

22.

有一天，有一班学生正在小考，有一个学生答出来之后，老师打了他一顿，为什么?

答案：因为他把答案念给同学听。

鱼汤加羊汤等于史上最鲜汤

脑筋不会转弯的是神马

1.
整天不刷牙的人会怎么样？
答案：信口雌黄。

2.
1个人有1个，而全国人只有12个的东西是什么？
答案：生肖。

3.
有人在舔冰棒，却越舔越大，为什么？
答案：因为他在南极。

4.
目空一切的人最适合做什么？
答案：瞎子。

5.

什么汤最"鲜"?

答案:鱼汤加羊汤。鱼+羊=鲜。

6.

什么人最不怕冷?

答案:雪人。

7.

有一天,小逗号上完物理课后突然想效仿牛顿,就走到苹果树下,这时正好掉下一个苹果砸到小逗号的头,你猜小逗号怎么说的?

答案:他说这个苹果熟了,然后把苹果吃掉了。

8.

债权和债务最大的差别是什么?

答案:一个最容易记,一个最记不住。

9.

小王去商场里面买东西,可是柜台的橱窗里空空的,他却买到了要买的东西,为什么?

答案:小王要买的是柜台。

10.

电车的时速是80公里,向北行驶,这时候有时速20公里的东风,请问,电车的烟朝哪个方向飘?

答案:电车是没有烟的。

11.

什么情况下"4=8"?

答案:锯掉方桌的四个角。

12.

自己的什么东西从来都不会属于别人?

答案:影子。

13.

在什么状态下,人是最重的?

答案:在别人背上的时候。

14.

为什么自杀的人常选择上吊?

答案:想升天。

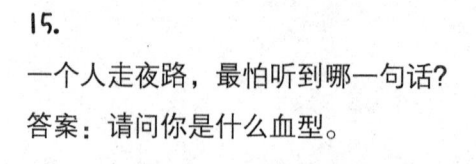

15.

一个人走夜路,最怕听到哪一句话?

答案:请问你是什么血型。

头发是会自己茁壮成长的

我国有很多方言,那么除了普通话之外,还有什么话是通用的呢?

答案:电话。

什么东西得煮上一辈子?

答案:媳妇。多年的媳妇熬成婆。

什么声音在你的身边你也听不清?

答案:自己打呼噜的声音。

一家珠宝店的老板雇了一位保镖,负责押送一箱珠宝,不幸中途遭人打劫。在整个被劫过程中,保镖始终死守着珠宝,尽管保镖没自监自盗,可珠宝店老板还是损失了这箱珠宝,为什么?

答案:保镖和珠宝被一起带走了。

三个同学一起下跳棋，共下了5分钟，每个同学分别下了多长时间?

答案：5分钟。

房屋，宫殿，岩洞，大厦，牛棚，哪个词与众不同?

答案：岩洞，其他都是人工建造的。

4+4+4+4，猜一种水果?

答案：石榴（16）。

小逗号坐的飞机在6000米的高空突然出现故障，人们全部跳伞，但是小逗号过了3个小时还没落到地上，这是为什么?

答案：小逗号挂在树上面了。

一个刚上幼儿园两天的孩子，就能和幼儿园的老师用英文对话，你说这是为什么?

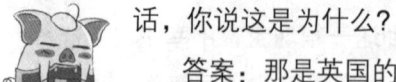

答案：那是英国的幼儿园。

不用浇水、施肥也能茁壮成长的是什么?

答案:头发。

什么人一动笔,就会看到自己想要的?

答案:画家。

海里的鱼怎么才能说话呢?

答案:在动画片里。

能画出真东西的画家是谁?

答案:神笔马良。

小逗号是个非常有同情心的人,可是为什么他碰到一个乞丐却不肯捐出身上的钱呢?

答案:他比乞丐还穷。

卡车司机撞了摩托车，卡车司机受伤了，骑摩托车的人却没有受伤，为什么？

答案：卡车司机并没有开车。

在一架高空飞行的747客机中，小逗号突然打开门冲了出去，却没有摔死，为什么呢？

答案：他打开的是厕所门。

眼睛不会转弯的是柚马

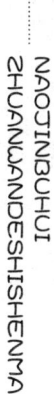

罗马是不能骑的马

1.

身为大"将",为什么不能出城作战呢?

答案:因为是在下象棋。

2.

一个很凶狠的强盗上了车之后,却突然变得老实起来了,为什么呢?

答案:他上的是警车。

3.

什么样的花开了看不到?

答案:心花怒放。

4.

20个小朋友去秋游,但现在这辆车只能乘10个人,他们要怎样才能乘上同一辆车一起去呢?

答案:换一辆车。

5.

什么样的雨下不能打伞?

答案：枪林弹雨。

6.

在什么国家，你越走就离北越远?

答案：越南。

7.

小狗怎么样才能一下子变大呢?

答案：去掉"犬"字上面的一点。

8.

什么车可以横行、直行，甚至斜行?

答案：象棋里的"车"。

9.

有时很短，有时很长，有时很快，有时却很慢，这是什么呢?

答案：时间。

10.

什么马大到我们无法骑呢?

答案：罗马。

11.

什么门不能开也不能关?

答案：脑门。

12.

一向莽撞的小逗号在一个生命垂危的病人面前还伸出了自己的拳头，他为什么要这么做呢?

答案：他在献血。

13.

姐姐欢欢和妹妹欣欣是双胞胎姐妹，但每年却是先过妹妹欣欣的生日，然后再过姐姐欢欢的生日，为什么呢?

答案：因为姐姐欢欢在12月31日晚12点前出生，而妹妹欣欣在12点以后出生。

14.

小逗号的爸爸是个好经理，可大家却说他永远都当不了正经理，为什么?

答案：小逗号的爸爸姓"付"。

15.

梁山108条好汉中最没能耐的是谁?

答案：吴（无）用。

16.

有一个字，虽然只要12画就写完了，但是写完却要用三日，你知道是什么字吗？

答案："晶"字。

17.

一个洞里有5只老鼠，猫进去吃了1只老鼠，洞里还剩几只老鼠？

答案：一只也没有。

18.

谁见什么人就说什么话？

答案：翻译。

19.

小逗号的叔叔为什么到现在还没有结婚呢？

答案：他叔叔年龄还不够。

20.

你手上拿着弓箭，夜晚看见两个狼人，你会先射哪一个？

答案：先射月亮。

蛀虫是最有学问的虫子

1.

谁最喜欢咬文嚼字？

答案：蛀虫。

2.

地球上什么地方温度最高？

答案：地心。

3.

一位明星每次上台演出时总是戴着一只手套，为什么呢？

答案：他总想露一手。

4.

小逗号平时的话很多，为什么现在却一声不吭了呢？

答案：因为他睡着了。

5.

王老师经常把小逗号给她的信拿来给学生作语文练习，小逗号听说这件事情后很不高兴，说王教师瞧不起他，为什么？

答案：王老师用小逗号的信让学生练习改错。

6.

老师在黑板上写下"123"，然后问同学们："这个数能被除尽吗？"小逗号说能，他是怎么做到的？

答案：用黑板擦很快就能"除净"了。

7.

谁能保证终生不会失眠？

答案：睡美人。

8.

谁喜欢别人叫他滚？

答案：罪犯。

9.

有不孕症的妇女会不会把这类病遗传给后代？

答案：不孕症的妇女生不了孩子，没有后代。